Verse 3

Bm   Am
  Time is a jet plane,   it moves too fast

Bm   Am
  Oh, but what a shame if all we've shared can't last

   G   D C
I can change, I swear, oh, oh

                G   D C
See what you can do

          Am
I can make it through

Bm   Am   D/F♯   G   D
  You   can make it too

Verse 4

Bm   Am
  Love is so simple,   to quote a phrase

Bm   Am
  You've known it all the time, I'm learnin' it these days

   G   D C
Oh, I know where I can find you, oh, oh

              G   D C
In somebody's room

              Am
It's a price I have to pay

Bm   Am   D/F♯   G   D
  You're a big girl all the way

Verse 5

Bm   Am
  A change in the weather   is known to be extreme

Bm   Am
  But what's the sense of changing horses in midstream?

        G   D C
I'm going out of my mind, oh, oh

                G   D C
With a pain that stops and starts

              Am
Like a corkscrew to my heart

Bm   Am   D/F♯   G   D
  Ever since we've been apart

Outro

Bm	Am		Bm	Am	
G D	C		G D	C	
Am	Bm Am D/F♯	G*	D	G	*To fade*

287

All Along The Watchtower

Words & Music by Bob Dylan

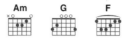

Capo fourth fret

Intro   ‖: Am G │ F   G │ Am G │ F   G :‖

Verse 1

Am   G   F   G
    "There must be some way out of here,"

Am   G   F   G
    Said the joker to the thief

Am   G   F   G
    "There's too much confusion,

Am   G   F   G
    I can't get no relief

Am   G   F   G
    Businessmen, they drink my wine,

Am   G   F   G
    Plowmen   dig my earth

Am   G   F   G
    None of them along the line

Am   G   F   G
    Know what any of it is worth"

Link 1   ‖: Am G │ F   G │ Am G │ F   G :‖

Verse 2

Am   G   F   G
    "No reason to get excited,"

Am   G   F   G
    The thief, he kindly spoke

Am   G   F   G
    "There are many here among us

Am   G   F   G
    Who feel that life is but a joke

cont.

```
Am              G        F                    G
    But you and I, we've been through that,
Am          G       F      G
    And this is not our fate
Am          G       F                    G
    So let us not talk falsely now,
Am          G       F        G
    The hour is getting late"
```

Link 2

‖: Am G │ F   G │ Am G │ F   G :‖

Verse 3

```
Am        G        F                G
    All along the watchtower,
Am        G         F      G
    Princes kept the view
Am              G        F                    G
    While all the women came and went,
Am          G        F      G
    Barefoot servants, too
Am        G       F        G
    Outside in the distance
Am        G      F        G
    A wildcat did growl
Am             G             F          G
    Two riders   were approaching,
Am             G        F      G
    The wind began to howl
```

Coda

│ Am G │ F   G │ Am G │ F   G │

│ Am G │ F   G │ Am   ‖

7

All I Really Want To Do

Words & Music by Bob Dylan

G   C/D   G/D   D7   C   D9   C/G

fr3   fr3

Capo second fret

Intro

| G | G ‖

Verse 1

C/D G/D   D7   G
I ain't lookin' to compete with you

C   G   D7   G
Beat or cheat or mistreat you

C/D G/D D7   G
Simplify you, classify you

    C   G   D7 G
Deny, defy or crucify you

G/D D9   G   C   G/D
All I really want to do____

      D7   G   C/G
Is, baby, be friends with you

Link 1

| G C/G | G C/G | G D7 |

| G C/G | G | G ‖

Verse 2

G   C/D G/D   D7   G
   No, and I ain't lookin' to fight with you

C   G   D7   G
Frighten you or tighten you

C   G/D   D7   G
Drag you down or drain you down

C   G   D7   G
Chain you down or bring you down

G/D D9   G   C   G/D
All I really want to do_____

    D9   D7   (G)
Is, baby, be friends with you

| G   C/G | G   C/G | G   D7 | G   C/G D7 | G   C/G | G   ‖

                          C/D   G/D   D7   G
Verse 3   I ain't lookin' to block you up
                          C   G   D7   G
                          Shock or knock or lock you up
                          C/D G/D   D7   G
                          Analyze you, categorize you
                          C   G   D7   G
                          Finalize you or advertise you
                          G/D D9   G   C   G/D
                          All I really want to do_____
                             D9   G   C/G
                          Is, baby, be friends with you

Link 3 | G/D D7 | G   C/G | G/D D7 | G   C/G | G   ‖

                          C/D   G/D   D7   G
Verse 4   I don't want to straight-face you
                          C   G   D7   G
                          Race or chase you, track or trace you
                          C   G/D   D7   G
                          Or disgrace you or displace you
                          C   G   D7   G
                          Or define you or confine you
                          G/D D9   G   C   G/D
                          All I really want to do_____
                             D7   G   C/G
                          Is, baby, be friends with you

Link 4 | G/D D7 | G   C/G | G/D D7 | G   C/G | G   ‖

                          C/D G/D   D7   G
Verse 5   I don't want to meet your kin
                          C   G   D7   G
                          Make you spin or do you in
                          C/D G/D   D7   G
                          Or select you or dissect you
                          C   G   D7   G
                            Or inspect you or reject you
                          G/D D9   G   C   G/D
                          All I really want to do_____
                             D7   G   C/G
                          Is, baby, be friends with you

Link 5   ‖: G/D D7 | G C/G | G/D D7 | G C/G :‖

| G/D D9 | G C/G | G/D D7 | G C/G | G ‖

Verse 6

C/D   G/D   D7   G
I don't want to fake you out

C   G   D7   G
Take or shake or forsake you out

C/D   G/D   D7   G
I ain't lookin' for you to feel like me

C   G   D7   G
See like me or be like me

G/D D9   G   C   G/D
All I really want to do_____

  D7   G   C/G
Is, baby, be friends with you

Outro   ‖: G/D D7 | G/D C/G | G   D7 | G C/G :‖

Repeat to fade

10

Ballad Of A Thin Man

Words & Music by Bob Dylan

[Chord diagrams: Bm, F#aug/A#, D/A, E7/G#, G, Em, D, F#m, A]

Intro | Bm | Bm | Bm | Bm ‖

Verse 1

Bm   F#aug/A#
  You walk into the room   with your pencil in your hand
D/A   E7/G#
  You see somebody naked and you say, "Who is that man?"

G   Em
  You try so hard but you   don't understand
D   F#m   Bm
Just what you'll say when you get home

Chorus 1

          D   F#m
Be - cause something is happening here
          Bm   G   Bm
But you don't know what it is   do you, Mister Jones?

Verse 2

Bm   F#aug/A#
  You raise up your head   and you ask, "Is this where it is?"
D/A   E7/G#
  And somebody points to you and says "It's his"

G
  And you say, "What's mine?"
                 Em
And somebody else says, "Where what is?"
             D   F#m   Bm
And you say, "Oh my God am I here all a - lone?"

Chorus 2

          D   F#m
Because something is happening here
          Bm   G   Bm
But you don't know what it is   do you, Mister Jones?

11

Verse 3

Bm   **F♯aug/A♯**
 You hand in your ticket and you go watch the geek

D/A   **E7/G♯**
 Who immediately walks up to you when he hears you speak

G   **Em**
 And says, "How does it feel to be such a freak?"

      D   **F♯m** **Bm**
And you say, "Im - possible" as he hands you a bone

Chorus 3

   D   **F♯m**
Because something is happening here

     Bm   **G**   **Bm**
But you don't know what it is do you, Mister Jones?

Bridge

Bm   **D**
 You have many contacts among the lumberjacks

 G   **Bm**
To get you facts when someone attacks your imagi - nation

          D
But nobody has any respect anyway they already expect you

G   **Em**   **A**
 To just give a check to tax-deductible charity organi - zations

Verse 4

Bm   **F♯aug/A♯**
You've been with the professors and they've all liked your looks

D/A   **E7/G♯**
 With great lawyers you have dis - cussed lepers and crooks

G   **Em**
 You've been through all of F. Scott Fitz - gerald's books

D   **F♯m** **Bm**
 You're very well read it's well known

Chorus 4

   D   **F♯m**
Because something is happening here

     Bm   **G**   **Bm**
But you don't know what it is do you, Mister Jones?

Verse 5

Bm   **F♯aug/A♯**
Well, the sword swallower, he comes up to you and then he kneels

D/A   **E7**
 He crosses himself and then he clicks his high heels

  G   **Em**
And without further notice he asks you how it feels

    D   **F♯m**
And he says, "Here is your throat back

   Bm
Thanks for the loan"

    D   F#m
    Because some - thing is happening here
            Bm   G   Bm
    But you don't know what it is   do you, Mister Jones?

    Bm   F#aug/A#
    Now you see this one-eyed midget   shouting the word "NOW"
    D/A   E7/G#
      And you say, "For what reason?"   And he says, "How?"
    G
       And you say, "What does this mean?"
            Em
    And he screams back, "You're a cow
    D   F#m   Bm
    Give me some milk or else go home"

    D   F#m
    Because something is happening here
            Bm   G   Bm
    But you don't know what it is   do you, Mister Jones?

    Bm   F#aug/A#
    Well, you walk into the room like a camel and then you frown
    D/A   E7/G#
      You put your eyes in your pocket and your   nose on the ground
    G   Em
       There ought to be a law a - gainst you comin' around
           D   F#m   Bm
    You should be made to wear ear - phones

    D   F#m
      Because something is happening here
            Bm   G   Bm
    But you don't know what it is   do you, Mister Jones?

‖: Bm | Bm | Bm | Bm   :‖   *Repeat to fade*

Beyond Here Lies Nothin'

Music by Bob Dylan
Words by Bob Dylan & Robert Hunter

| Am | Dm | E7 | Am6 |

Intro

Am	Am	Am	Am
Dm	Dm	Am	Am
E7	Dm	Am	

Verse 1

N.C.   **Am**
I love you pretty baby

You're the only love I've ever known
    Dm
Just as long as you stay with me
    Am
The whole world is my throne
    E7   **Dm**
Beyond here lies no - thin'
    Am
Nothin' we can call our own

Verse 2

N.C.   **Am**
I'm movin' after midnight

Down boulevards of broken cars
    Dm
Don't know what to do with - out it
    Am
Without this love that we call ours
    E7   **Dm**
Beyond here lies no - thin'
    Am
Nothin' but the moon and stars

Instrumental 1 | Am | Am | Am | Am |

| Dm | Dm | Am | Am |

| E7 | Dm | Am ‖

Verse 3

N.C.   Am
Down every street there's a window

And every window made of glass
              Dm
We'll keep on lovin' pretty baby
          Am
For as long as love will last
          E7
Beyond here lies no - thin'
    Dm   Am
But the mountains of the past

Instrumental 2 ‖: Am | Am | Am | Am |

| Dm | Dm | Am | Am |

| E7 | Dm | Am | Am :‖

Verse 4

N.C.   Am
My ship is in the harbor

And the sails are spread
         Dm
Listen to me pretty baby
          Am
Lay your hand upon my head
        E7   Dm
Beyond here lies no - thin'
        Am
Nothin' done and nothin' said

Outro | Am | Am | Am | Am |

| Dm | Dm | Am | Am |

| E7 | Dm | Am | N.C. | Am6 ‖

Blind Willie McTell

Words & Music by Bob Dylan

Dm   A7   Am   C   G   B♭

Capo first fret

Intro | Dm | Dm A7 | Dm | Dm ||

Verse 1

            Dm   A7   Dm Am Dm
Seen the arrow on_ the doorpost

               A7   Dm   Am Dm
Saying, "This land is condemned

        A7   C   G
All the way from New Orleans___

B♭   C   Dm Am Dm
  To Jerusalem"

          A7   Dm Am Dm
I traveled_ through East Texas

          A7   Dm Am Dm
Where many martyrs fell__

          A7   C   G
And I know no one can sing the blues

       B♭   C   Dm Am Dm
Like Blind Willie_ McTell

Verse 2

          Dm   A7   Dm Am Dm
Well, I heard that hoot owl singing

           A7   Dm Am Dm
As they were taking down the tents

         A7   C   G
The stars above the barren trees___

       B♭ C   Dm Am Dm
Were his only audience

           A7   Dm   Am Dm
Them charcoal gypsy maidens

          A7   Dm Am Dm
Can strut their feathers well___

cont.
   A⁷ **C**   **G**
But nobody can sing the blues__
   B♭   **C**   **Dm Am Dm**
Like Blind Willie_ McTell

Verse 3
Dm   **A⁷**   **Dm** **Am Dm**
 See them big plantations burning
    A⁷   **Dm** **Am Dm**
Hear the cracking of the whips
     A⁷ **C**   **G**
Smell that sweet magnolia blooming
  B♭ **C**   **Dm**
See the ghosts of_ slavery ships
     A⁷ **Dm**   **Am Dm**
I can hear them tribes a-moaning
    A⁷   **Dm**
Hear the undertaker's bell
 A⁷ **C**   **G**
Nobody can sing the blues__
B♭   **C**   **Dm Am Dm**
 Like Blind_ Willie McTell

Verse 4
   Dm **A⁷**   **Dm Am Dm**
There's a woman_ by the river__
     A⁷   **Dm** **Am Dm**
With some fine young handsome man
     A⁷   **C G**
He's dressed up like a squire
B♭   **C**   **Dm**
 Bootlegged whiskey in his hand__
      A⁷   **Dm Am Dm**
There's a chain gang on the highway
  A⁷   **Dm Am Dm**
I can hear them rebels yell
     A⁷ C   **G**
And I know no one can sing the blues
B♭   **C**   **Dm Am Dm**
 Like Blind Willie McTell

Link
| **Dm A⁷** | **Dm Am Dm** | **Dm A⁷** | **Dm Am Dm** |

| **Dm A⁷** | **C G** | **B♭ C** | **Dm Am Dm** | **Dm Am Dm** ||

        Dm   **A⁷**   **Dm Am Dm**
Well, God is in His heaven

           A⁷   **Dm Am Dm**
And we all_ want what's His

              A⁷   **C**   **G**
But power and greed and corruptible seed_

B♭   **C**   **Dm**
Seem to be all that there is

           A⁷   **Dm Am Dm**
I'm gazing out the window

          A⁷   **Dm Am Dm**
Of the St. James Hotel_

          A⁷ **C**   **G**
And I know no one can sing the blues

B♭   **C**   **Dm Am Dm**
  Like Blind Willie McTell

Coda

| Dm | A⁷ | Dm | Am | Dm | Dm | A⁷ | Dm | Am | Dm |

| Dm | A⁷ | C | G | | B♭ | C | Dm | Am | Dm |

| Dm | A⁷ | Dm | Am | Dm | Dm | A⁷ | Dm | Am | Dm |

| Dm | A⁷ | C | G | | B♭ | C | Dm | | |

Brownsville Girl

Words & Music by Bob Dylan & Sam Shepard

Dsus2   A   Bm(add11)   E   Asus4   Asus2

Intro ‖: Dsus2 A Bm(add11) E | A Asus4 A :‖

Verse 1

        A   Dsus2
Well, there was this movie I seen one time

    Bm(add11)
About a man riding 'cross the desert

    E   A Asus4 A
And it starred Gregory Peck

He was shot down by a hungry kid

                      Dsus2
Trying to make a name for him - self

                   Bm(add11)
The townspeople wanted to crush that kid down

    E   A
And string him up by the neck

Verse 2

    A   Dsus2
Well, the marshal, now he beat that kid to a bloody pulp

    Bm(add11)   E
As the dying gunfighter lay in the sun

         A   Asus4 A
And gasped for his last breath

"Turn him loose, let him go,

                    Dsus2
Let him say he outdrew me fair and square

    Bm(add11)
I want him to feel what it's like

      E   A   Asus4 A
To every moment face his death"

Verse 3

```
A                                                    Dsus2
Well, I keep seeing this stuff and it just comes a-rolling in
            Bm(add11)
And you know it blows right through me
       E              A  Asus4  A
Like a ball and chain
```

You know I can't believe we've lived so long

```
                    Dsus2
And are still so far apart
      Bm(add11)                  E              A     Asus4
The memory of you keeps callin' after me like a roll - in' train
```

Verse 4

```
A                                                        Dsus
I can still see the day that you came to me on the painted desert
            Bm(add11)               E           A
In your busted down Ford and your platform heels
```

I could never figure out why you chose

```
                      Dsus2
That particular place to meet
          Bm(add11)
Ah, but you were right.
          E              A      Asus4  A
It was perfect as I got in behind the wheel
```

Verse 5

```
A                                    Dsus2
Well, we drove that car all night into San An - ton'
          Bm(add11)           E                    A
And we slept near the Alamo, your skin was so tender and soft
```

Way down in Mexico you went out to find a doctor

```
Dsus2
And you never came back
          Bm(add11)
I would have gone on after you
      E                         A
But I didn't feel like letting my head get blown off
```

                    A
Verse 6   Well, we're drivin' this car
                                                    Dsus²
                And the sun is comin' up over the Rock - ies
                            Bm(add¹¹)
                Now I know she ain't you but she's here
                            E   **A**   **Asus⁴ A**
                And she's got that dark rhythm in her soul

                But I'm too over the edge and I ain't in the mood anymore
                                Dsus²
                To remember the times when I was your only man
                                Bm(add¹¹)
                And she don't want to remind me.
                                        E   **A**   **Asus⁴ A**
                She knows this car would go out of con - trol

                    A   **Dsus²**
Chorus 1   Brownsville girl with your Brownsville curls
                Bm(add¹¹)   **E**   **A**   **Asus⁴ A**
                Teeth like pearls shining like the moon a - bove
                                Dsus²
                Brownsville girl, show me all around the world
                Bm(add¹¹)   **E**   **A**
                Brownsville girl, you're my honey love

                    A
Verse 7   Well, we crossed the panhandle
                                            Dsus²
                And then we headed towards Ama - rillo
                                        Bm(add¹¹)
                We pulled up where Henry Porter used to live.
                                E   **A**   **Asus⁴**
                He owned a wreckin' lot outside of town about a mile
                    A
                Ruby was in the backyard hanging clothes,
                                    Dsus²
                She had her red hair tied back.

                She saw us come rolling up in a trail of dust
                Bm(add¹¹)   **E**
                   She said, "Henry ain't here but you can come on in,
                                    A   **Asus⁴ A**
                He'll be back in a little while"

21

Verse 8

    A
Then she told us how times were tough

                                Dsus2
And about how she was thinkin' of bummin' a ride

Back to from where she started

                         Bm(add11)   **E**
But ya know, she changed the subject every time money came up

Asus4   **A**
She said, "Welcome to the land of the living dead"

           Dsus2
You could tell she was so broken hearted

           Bm(add11)
She said, "Even the swap meets around here

   E   **A Asus4 A**
Are getting pretty corrupt"

Verse 9

    A   **Dsus2**
"How far are y'all going?" Ruby asked us with a sigh

                Bm(add11)   **E**   **A**
"We're going all the way 'til the wheels fall off and burn

'Til the sun peels the paint

                  Dsus2
And the seat covers fade and the water moccasin dies"

Bm(add11)
   Ruby just smiled and said,

E   **A**   **Asus2 A**
"Ah, you know some babies never learn"

Verse 10

    A
Something about that movie though,

                Dsus2
Well I just can't get it out of my head

                Bm(add11)
But I can't remember why I was in it

   E   **A**
Or what part I was supposed to play

Asus2   **A**
All I re - member about it was Gregory Peck

          Dsus2
And the way people moved

Bm(add11)   **E**   **A**
   And a lot of them seemed to be lookin' my way

    A   **Dsus2**
Brownsville girl with your Brownsville curls

Bm(add11)   **E**   **A**
Teeth like pearls shining like the moon a - bove

A   **Dsus2**
Brownsville girl, show me all around the world

Bm(add11)   **E**   **A**
Brownsville girl, you're my honey love

ax. solo 1 | **A** | **Dsus2** | **Bm(add11)** **E** | **A**   ‖

A   **Dsus2**
Well, they were looking for somebody with a pompadour

        Bm(add11)   **E**   **A**
I was crossin' the street   when shots rang out

                            Dsus2
I didn't know whether to duck or to run, so I ran

        Bm(add11)   **E**   **A**
"We got him cornered in the churchyard," I heard somebody shout

A
Well, you saw my picture in the Corpus Christi Tribune.

                       Dsus2
Underneath it, it said, "A man with no alibi"

               Bm(add11)   **E**   **A**
You went out on a limb to testify for me,   you said I was with you

Then when I saw you break down in front of the judge

        Dsus2
And cry real tears

        Bm(add11)   **E**   **A**
It was the best acting I saw anybody do

A
Now I've always been the kind of person that doesn't like to trespass

                    Dsus2
But sometimes you just find yourself over the line

               Bm(add11)   **E**   **A**
Oh if there's an o - riginal thought out there,   I could use it right now

You know, I feel pretty good, but that ain't sayin' much.

        Dsus2
I could feel a whole lot better

Bm(add11)   **E**   **A**
  If you were just here by my side to show me how

Verse 14

A
Well, I'm standin' in line in the rain

                              Dsus2
To see a movie starring Gregory Peck

       Bm(add11)   **E**   **A**
Yeah, but you know it's not the one that I had in mind

                      Dsus2
He's got a new one out now, I don't even know what it's about

             Bm(add11) **E**   **A**
But I'll see him in anything so   I'll stand in line

Chorus 3

A   **Dsus2**
Brownsville girl with your Brownsville curls

Bm(add11)   **E**   **A**   **Asus4** **A**
Teeth like pearls shining like the moon a - bove

                      Dsus2
Brownsville girl, show me all around the world

Bm(add11)   **E**   **A**
Brownsville girl, you're my honey love

Sax. solo 2   ‖: **A** | **Dsus2** | **Bm(add11)** **E** | **A**   :‖

Verse 15

A
You know, it's funny how things never turn out

Dsus2
The way you had 'em planned

          Bm(add11)
The only thing we knew for sure about Henry Porter

E   **A**
Is that his name wasn't Henry Porter

And you know there was somethin' about you baby that I liked

                  Dsus2
That was always too good for this world

              Bm(add11)   **E**
Just like you always said there was somethin' about me you liked

                      A
That I left behind in the French Quarter

Verse 16

A
Strange how people who suffer together have stronger connections

       Dsus2
Than people who are most content

       Bm(add11)
I don't have any re - grets,

      E   A
They can talk about me plenty when I'm gone

You always said people don't do what they believe in,

       Dsus2
They just do what's most convenient, then they repent

   Bm(add11)
And I always said, "Hang on to me, baby,

    E   A
And let's hope that the roof stays on"

Verse 17

A   Dsus2
There was a movie I seen one time, I think I sat through it twice

 Bm(add11)   E   A
I don't remember who I was or where I was bound

                     Dsus2
All I remember about it was it starred Gregory Peck,

He wore a gun and he was shot in the back

Bm(add11)   E   A
Seems like a long time ago, long before the stars were torn down

Chorus 4

  A   Dsus2
‖: Brownsville girl with your Brownsville curls

Bm(add11)   E   A   Asus4 A
Teeth like pearls shining like the moon a - bove

      Dsus2
Brownsville girl, show me all around the world

Bm(add11)   E   A
Brownsville girl, you're my honey love :‖ *Play 3 times to fade*

Blowin' In The Wind

Words & Music by Bob Dylan

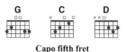

Capo fifth fret

Intro | G   ‖

Verse 1
     G   C   D   G
How many roads must a man walk down
             C   G
Before you call him a man?
                   C   D   G
Yes, 'n' how many seas must a white dove sail
           C   D
Before she sleeps in the sand?
         G   C   D   G
Yes, 'n' how many times must the cannonballs fly
            C   G
Before they're forever banned?

Chorus 1
       C   D   G   C
The answer, my friend, is blowin' in the wind
             D   G
The answer is blowin' in the wind

Link 1 | C D | G C | C D | G   ‖

Verse 2

      G   **C**   **D**   **G**
How many years can a mountain exist

      C   **G**
Before it's washed to the sea?

      C   **D**   **G**
Yes, 'n' how many years can some people exist

      C   **D**
Before they're allowed to be free?

      G   **C**   **D**   **G**
Yes, 'n' how many times can a man turn his head

      C   **G**
Pretending he just doesn't see?

Chorus 2   As Chorus 1

Link 2 | **C D** | **G C** | **C D** | **G** ‖

Verse 3

      C   **D**   **G**
How many times must a man look up

      C   **G**
Before he can see the sky?

      C   **D**   **G**
Yes, 'n' how many ears must one man have

      C   **D**
Before he can hear people cry?

      G   **C**   **D**   **G**
Yes, 'n' how many deaths will it take till he knows

      C   **G**
That too many people have died?

Chorus 3   As Chorus 1

Coda | **C D** | **G C** | **C D** | **G** ‖

Changing Of The Guards

Words & Music by Bob Dylan

| G | D | Em | Am7 | G/D | C | G/B | C/G |

fr3

Capo first fret

Intro | **G** *(fade in)* ‖

Verse 1
G D Em
Six - teen years

Am7 G/D   D   Em
Sixteen banners united over the field

       C   D
Where the good shepherd grieves

       Em Am7   G/D   D
Desperate men, desperate women divided

         Em   C D G
Spreading their wings 'neath the fall-ing leaves

Verse 2
G D Em
Fortune calls

Am7   G/D   D   Em
I stepped forth from the shadows, to the marketplace

        C   D   Em
Merchants and thieves, hungry for power, my last deal gone down

Am7   G/D   D   Em
She's smelling sweet like the meadows where she was born

        C D   G
On midsummer's eve, near the tower

Link 1 | **G/B D** | **C** | **G/B D** | **C** |

         | **G/B D** | **C D** | **G C/G** ‖

Verse 3
G   D   Em
  The cold-blooded moon

    Am⁷   G/D   D
The captain waits above the celebration

          Em   C   D
Sending his thoughts to a beloved maid

           Em Am⁷ G/D   D
Whose ebony face is be-yond communication

              Em   C   D   G
The captain is down but still believing that his love will be repaid

Verse 4
        G   D   Em
They shaved her head

    Am⁷   G/D   D
She was torn between Jupiter and Apollo

          Em   C   D
A messenger arrived with a black nightingale

          Em Am⁷ G/D   D
I seen her on the stairs and I   couldn't help but follow

          Em   C   D   G
Follow her down past the fountain where they lift - ed her veil

Link 2
| G/B D | C | G/B D | C |

| G/B D | C   D | G   C/G ||

Verse 5
G   D   Em
  I stumbled to my feet

    Am⁷   G/D   D
I rode past destruction in the ditches

          Em   C   D
With the stitches still mending 'neath a heart-shaped tattoo

          Em Am⁷ G/D   D
Renegade priests and   treacherous young witches

          Em   C   D   G
Were handing out the flowers that I'd   given to you

Verse 6

      G   **D** **Em**
The palace of mirrors

Am⁷   **G/D**   **D**
Where dog soldiers are reflected

          Em   **C**   **D**
The endless road and the wailing of chimes

          Em   **Am⁷**   **G/D**   **D**
The empty rooms where her memory is protected

          Em   **C**   **D**   **G**
Where the angels' voices whisper to the souls of previous times

Link 3 | **G/B** **D** | **C** | **G/B** **D** | **C** |

              | **G/B** **D** | **C** **D** | **G**   **C/G** ‖

Verse 7

      G   **D** **Em**
She wakes him up

      Am⁷   **G/D**   **D**
Forty-eight hours later, the sun is breaking

          Em   **C**   **D**
Near broken chains, mountain laurel and rolling rocks

          Em **Am⁷** **G/D**   **D**
She's begging to know what measures he now will be taking

          Em   **C**   **D**   **G**
He's pulling her down and she's clutching on to his long golden locks

Verse 8

G   **D**   **Em**
Gentlemen, he said

Am⁷ **G/D**   **D**   **Em**
I don't need your organization, I've shined your shoes

          C   **D**
I've moved your mountains and marked your cards

          Em   **Am⁷**   **G/D**   **D**
But Eden is burning, either brace yourself for elimination

          Em   **C**   **D**   **G**
Or else your hearts must have the courage for the changing of the guard

Link 4 | G/B D | C | G/B D | C |

             | G/B D | C   D | G   C/G ‖

            G   D   Em
Verse 9   Peace will come

            Am7   G/D   D   Em
With tranquillity and splendor on the wheels of fire

                  C   D   Em
But will bring us no reward when her false idols fall

            Am7 G/D   D   Em
And   cruel death surrenders with its pale ghost retreating

                 C   D   G
Between the King and the Queen of Swords

Coda | Em | Em Am7 | G/D | D |

             | Em | Em | C | D |

             | Em | Em Am7 | G/D | D |

             | Em | Em | C   D | G |

             | G/B D | C | G/B D | C |

             | G/B D | C   D | G   ‖ *To fade*

Chimes Of Freedom

Words & Music by Bob Dylan

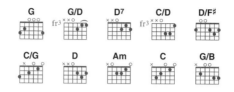

Intro | G ||

Verse 1

G/D   D7   G/D   C/D   G
   Far between sundown's finish an' midnight's broken toll

    G/D   C/D   G/D   D/F#   G   C/G   G
We ducked inside the doorway, thunder crashing

     G/D   C/D   G/D   C/D   G/D   C/D
As majestic bells of bolts struck shadows in the sounds

G/D   C/D   G/D   D/F#   G   C/G   G
Seeming to be the   chimes of freedom flashing

D   G   C/G   G
Flashing for the warriors whose strength is not to fight

C/G   G   Am   D7
Flashing for the refugees on the unarmed road of flight

     G   D7   G   C/G
An' for   each an' ev'ry underdog soldier in the night

     G   D7   G   C/G   G
An' we gazed upon the chimes of freedom flashing

Verse 2

     G/D   C/D   G/D   C/D   G/D   C/D
In the city's melted furnace, unexpectedly we watched

    G/D   C/D   D/F#   G   C/G   G
With faces hidden while the walls were tightening

    G/D   C/D   G/D   C/D   G/D   C/D
As the echo of the wedding bells before the blowin' rain

    G/D   C/D   D/F#   G   C/G   G
Dissolved into the bells of the lightning

cont.

<pre>
D   G
Tolling for the rebel, tolling for the rake
C/G   G   Am   D7
Tolling for the luckless,   the abandoned an' forsaked
G   C/G   G   C/G
Tolling for the outcast, burnin' constantly at stake
         G   C   G/B   D7   G   C/G G
An' we gazed upon the chimes of   freedom flashing
</pre>

Verse 3

<pre>
              G/D   C/D   G/D C/D G/D   C/D
Through the mad mystic hammering of the wild ripping hail
      G/D   C/D   D/F#   G   C/G G
The sky   cracked its poems in naked wonder
          G/D   C/D   G/D C/D G/D   C/D
That the clinging of the church bells blew far into the breeze
          G/D   C/D   D/F#   G   C/G G
Leaving only bells of lightning and its thunder
D   G
   Striking for the gentle, striking for the kind
C/G   G   Am   D
Striking for the guardians and protectors of the mind
      G   D7   G   C/G
An' the unpawned painter behind beyond his rightful time
       G   C   D7   G   C/G G
An' we gazed upon the chimes of freedom flashing
</pre>

Verse 4

<pre>
              G/D   C/D   G/D   C/D   G/D C/D
Through the wild cathedral evening the rain unraveled tales
       G/D   C/D   D/F#   G   C/G G D7
For the disrobed faceless forms of no position
G/D   C/D   G/D   C/D   G/D   C/D
Tolling for the tongues with no place to bring their thoughts
      G/D   C/D   D/F#   G   C/G G
All down in taken-for-granted situations
D   G
Tolling for the deaf an' blind, tolling for the mute
              C/G   G   Am   D
Tolling for the mistreated, mateless mother, the mistitled prostitute
       G   D7   G   C/G
For the misdemeanor outlaw, chased an' cheated by pursuit
       G   C   D7   G   C/G
An' we gazed upon the chimes of freedom flashing
</pre>

Link 1 | D | G | G | G | G   ‖

|G/D| |C/D| |G/D|C/D|G/D|C/D|
Even though a cloud's white curtain in a far-off corner flashed
      G/D   C/D   D/F♯   G   C/G G
An' the hypnotic splattered mist was slowly lifting
         G/D   C/D   G/D   C/D   G/D C/D
Electric light still struck like arrows, fired but for the ones
     G/D   C/D   D/F♯   G   C/G G
Condemned to drift or else be kept from drifting
D   G
Tolling for the searching ones, on their   speechless, seeking trail
      C/G   G   Am   D7
For the lonesome-hearted lovers with too personal a tale
   G   D   G   C/G
An' for each unharmful, gentle soul misplaced inside a jail
        G   C   D7   G   C/G G D7
An' we gazed upon the chimes of freedom flashing

Link 2

| G/D | C/D | G/D | C/D G/D C | G | |
| C/G D7 | C C/G | G | G | G | ‖ |

Verse 6

G/D   C/D   G/D   C/D   G/D C/D
Starry-eyed an' laughing as I recall when we were caught
G/D   C/D   D/F♯   G   C/G G
Trapped by no track of hours for they hanged suspended
        G/D   C/D   G/D   C/D   G/D   C/D
As we listened one last time an' we watched with one last look
G/D   C/D D/F♯   G   C/G G
Spellbound an'   swallowed 'til the tolling ended
D   G
Tolling for the aching ones whose wounds cannot be nursed
      C/G   G   Am   D7
For the countless confused, accused, misused, strung-out ones an' wo
     G   D7   G   C/G
An' for every hung-up person in the whole wide universe
      G   C   G/B   D7   G   C/G D7 G
An' we gazed upon the chimes of   freedom flashing

Dark Eyes

Words & Music by Bob Dylan

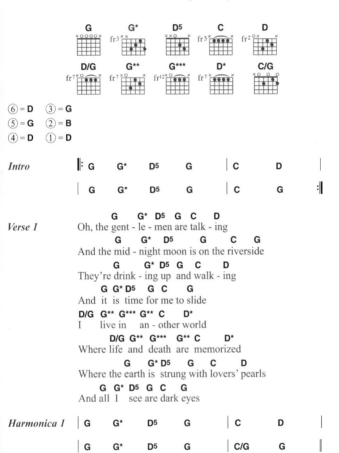

G   G*   D5   C   D
D/G   G**   G***   D*   C/G

⑥ = D   ③ = G
⑤ = G   ② = B
④ = D   ① = D

Intro
|: G   G*   D5   G | C   D |

| G   G*   D5   G | C   G   :|

Verse 1

        G   G* D5 G C   D
Oh, the gent - le - men are talk - ing

        G   G* D5   G   C G
And the mid - night moon is on the riverside

      G   G* D5 G C   D
They're drink - ing up and walk - ing

    G G* D5 G C   G
And it is time for me to slide

D/G G** G*** G** C   D*
I   live in   an - other world

       D/G G** G*** G** C   D*
Where life and death are memorized

        G   G* D5   G   C   D
Where the earth is strung with lovers' pearls

     G G* D5 G C G
And all I see are dark eyes

Harmonica 1
| G   G*   D5   G | C   D |

| G   G*   D5   G | C/G   G   ‖

Verse 2

    G   G* D5 G C   D
A cock is crowing far away

        G   G* D5 G   C   G
And an - oth - er sol - dier's deep in prayer

    G   G* D5 G C   D
Some moth - er's child has gone a - stray,

G G* D5 G C   G
She can't find him an - y - where

    D/G G** G*** G** C   D
But I   can hear an - other drum

    D/G G** G*** G** C   D
Beat - ing for the dead that rise

        G   G* D5   G   C   D
Whom nat - ure's beast fears as they come

      G G* D5 G C   G
And all I see are dark eyes

Harmonica 2 | G   G*   D5   G | C   D |

| G   G*   D5   G | C/G   G ‖

Verse 3

G   G* D5 G C   D
They tell me to be dis - creet

  G G* D5 G C   G
For all in - tend - ed pur - pos - es

G   G* D5 G C   D
They tell me re - venge is sweet

        G   G* D5   G C   G
And from where they stand, I'm sure it is

    D/G G** G*** G** C   D
But I   feel no - thing for their game

    D/G G** G*** G** C   D
Where beau - ty goes un - re - cog - nized

G G* D5 G C   D
All I feel is heat and flame

      G G* D5 G C   G
And all I see are dark eyes

Harmonica 3 ‖: G   G*   D5   G | C   D |

| G   G*   D5   G | C/G   G :‖

Verse 4

           G   **G*** **D5** **G C**   **D**
Oh, the French girl, she's in par - a - dise
           G   **G*** **D5** **G C** **G**
And a drun - ken man is at the wheel
G   **G* D5** **G C**   **D**
Hun - ger pays a heav - y price
         G   **G*** **D5** **G C**   **G**
To the fall - ing gods of speed and steel
       D/G **G** G***** **G****   **C**   **D**
Oh, time is   short and the days are sweet
        D/G **G**** **G*** G** C**   **D**
And pas - sion rules the arrow that flies
  G   **G*** **D5** **G C**   **D**
A mil - lion fac - es at my feet
    G **G* D5** **G C**   **G**
But all I see are dark eyes

Outro

‖: G	G*	D5	G	C/G	D
G	G*	D5	G	C/G	G :‖
D/G	G**	G***	G**	C	D*
D/G	G**	G***	G**	C	D*
G	G*	D5	G	C	D
G	G*	D5	G	C/G	G
G	G*	D5	G	G C/G	G⌢ ‖

37

Desolation Row

Words & Music by Bob Dylan

Capo fourth fret

⑥ = C ③ = G
⑤ = A ② = B
④ = D ① = E

Intro   ‖ C   C(add4) | C   C(add4) | C   C(add4) ‖

Verse 1

    C   C(add4) C   C(add4) C
They're selling postcards of the   hanging

       F/C   C
They're painting the passports brown

     G/D
The beauty parlor is filled with sailors

F/C   C
  The circus is in town

             C(add4)   C
Here comes the blind commissioner

      F/C   C
They've got him in a trance

    G/D
One hand is tied to the tight-rope walker

F/C   C
  The other is in his pants

     F/C
And the riot squad they're restless

   C   F/C
They need somewhere to go

 C   G/D
As Lady and I look out tonight

     F/C   C   C(add4) C C(add4)
From Desolation Row

    C   **C(add4)**   **C**
Cinderella, she seems so easy

    F/C   **C**
"It takes one to know one," she smiles

    G/D
And puts her hands in her back pockets

F/C   **C**   **C(add4)**   **C**
  Bette Davis style

      C(add4)   **C**
And in comes Romeo, he's moaning

     F/C   **C**
"You Be - long to Me I Be - lieve"

    G/D
And someone says, "You're in the wrong place my friend

F/C   **C**
  You better leave"

    F/C
And the only sound that's left

C   **F/C**
After the ambulances go

  C   **G/D**
Is Cinderella sweeping up

   F/C   **C**   **C(add4)** **C** **C(add4)**
On Desolation Row

C **Cadd4** **C**   **Cadd4 C**
  Now the moon is almost hidden

   F/C   **C**
The stars are beginning to hide

   G/D
The fortune-telling lady

   F/C   **C**   **C(add4)** **C**
Has even taken all her things inside

      C(add4)   **C**
All except for Cain and A - bel

    F/C   **C**
And the hunchback of Notre Dame

G/D
Everybody is making love

  F/C   **C**
Or else expecting rain

    F/C
And the Good Samaritan, he's dressing

       C   **F/C**
He's getting ready for the show

    C   **G/D**
He's going to the carnival tonight

   F/C   **C**   **C(add4)** **C** **C(add4)**
On Desolation Row

Verse 4

```
       C                      C(add4)   C
Now Ophelia, she's 'neath the window
       F/C              C
For her I feel so a - fraid
          G/D
On her twenty-second birthday
        F/C         C
She al - ready is an old maid
               C(add4)   C
To her, death is quite ro - mantic
       F/C           C
She wears an iron vest
          G/D
Her pro - fession's her religion
       F/C              C
Her sin is her lifeless - ness
          F/C
And though her eyes are fixed upon
C                   F/C
Noah's great rain - bow
   C                  G/D
She spends her time peeking
       F/C         C        C(add4)   C  C(add4)
Into    Desolation Row
```

Verse 5

```
C  C(add4) C              C(add4)   C
          Einstein, dis - guised as Robin Hood
          F/C              C
With his memories in a trunk
G/D
Passed this way an hour ago
          F/C              C
With his friend, a jealous monk
               C(add4)   C
He looked so im - maculately frightful
       F/C               C
As he bummed a ciga - rette
          G/D
Then he went off sniffing drainpipes
       F/C          C
And reciting the alpha - bet
          F/C
Now you would not think to look at him
          C                F/C
But he was famous long a - go
   C                  G/D
For playing the electric violin
       F/C         C        C(add4)   C  C(add4)
On Desolation Row
```

40

C   C(add4) C   C(add4) C
Dr.   Filth, he keeps his world

F/C   C
In - side of a leather cup

G/D
But all his sexless patients

       F/C   C   C(add4)
They're trying to blow it up

     C   C(add4) C
Now his nurse, some local   loser

      F/C   C
She's in charge of the cyanide hole

        G/D
And she also keeps the cards that read

     F/C   C
"Have Mercy on His Soul"

F/C
They all play on pennywhistles

C   F/C
You can hear them blow

    C   G/D
If you lean your head out far enough

      F/C   C   C(add4) C C(add4)
From   Desolation Row

C   C(add4)   C
Across the street they've nailed the curtains

          F/C   C
They're getting ready for the feast

     G/D
The Phantom of the Opera

F/C   C
A perfect image of a priest

             C(add4)   C
They're spoonfeed - ing Casa - nova

     F/C   C
To get him to feel more as - sured

        G/D
Then they'll kill him with self-confidence

     F/C   C
After poisoning him with words

       F/C
And the Phantom's shouting to skinny girls

    C   F/C
"Get Outa Here If You Don't Know

    C   G/D
Casanova is just being punished for going

    F/C   C   C(add4) C C(add4)
To   Desolation Row"

Verse 8

    C   Cadd4   C   Cadd4 C
          Now at midnight all the agents

       F/C   C
And the superhuman crew

       G/D
Come out and round up everyone

       F/C   C   C(add4)
That knows more than they do

        C   C(add4) C
Then they bring them to the   factory

       F/C   C
Where the heart-attack ma - chine

       G/D
Is strapped across their shoulders

       F/C   C
And then the kero - sene

       F/C
Is brought down from the castles

        C   F/C
By in - surance men who go

         C   G/D
Check to see that nobody is e - scaping

       F/C   C   C(add4) C C(add4)
To Desolation Row

Verse 9

    C C(add4) C   C(add4) C
         Praise be to Nero's Neptune

       F/C   C
The Titanic sails at dawn

       G/D
And everybody's shouting

   F/C   C   C(add4)
"Which Side Are You On?"

        C   C(add4) C
And Ezra Pound and T. S.   Eliot

 F/C   C
Fighting in the captain's tower

       G/D
While calypso singers laugh at them

       F/C   C
And fishermen hold flowers

       F/C
Be - tween the windows of the sea

        C   F/C
Where lovely mermaids flow

        C   G/D
And nobody has to think too much

       F/C   C   C(add4) C C(add4)
About   Desolation Row

42

Instrumental 1 | C C(add4) | C | F/C | C |

| G/D | G/D | F/C | C |

| C C(add4) | C | F/C | C |

| G/D | G/D | F/C | C |

| F/C | F/C | C | F/C |

| C | G/D | F/C | C C(add4) ‖

        C   C(add4) C   C(add4) C

Verse 10   Yes, I received your letter   yesterday

        F/C   C

(A - bout the time the doorknob broke)

          G/D

When you asked how I was doing

        F/C   C

Was that some kind of joke?

               C(add4) C

All these people that you mention

        F/C   C

Yes, I know them, they're quite lame

          G/D

I had to rearrange their faces

         F/C   C

And give them all another name

         F/C

Right now I can't read too good

        C   F/C

Don't send me no more letters, no

C   G/D

Not unless you mail them

        F/C   C   C(add4)

From Desolation Row

Instrumental 2 | C C(add4) | C | F/C | C |

| G/D | G/D | F/C | C |

| C C(add4) | C | F/C | C |

| G/D | G/D | F/C | C |

| F/C | F/C | C | F/C |

| C | G/D | F/C | C | ‖

Dignity

Words & Music by Bob Dylan

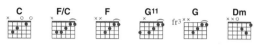

Capo third fret

Intro
   | C | F/C C | C | F/C C ‖

Verse 1

  C   F/C C
Fat man lookin' in a blade of steel

             F/C C
Thin man lookin' at his last meal

  F   C
  Hollow man lookin' in a cotton - field

     G11 C
For dignity

Verse 2

  C   F/C C
Wise man lookin' in a blade of grass

              F/C C
Young man lookin' in the shadows that pass

  F   C
  Poor man lookin' through painted glass

     G11 C
For dignity

Bridge 1

  G
  Somebody got murdered on New Year's Eve

  F   C
  Somebody said dignity was the first to leave

  F   C
  I went into the city, went into the town

       Dm   G11 C
Went into the land of the midnight sun

			F/C C
Verse 3   **C**

Searchin' high, searchin' low

Searchin' everywhere I know

F   **C**
  Askin' the cops wher - ever I go

                        G11 **C**
Have you seen dignity?

Link 1 | **C** | **F/C** **C** ‖

Verse 4   **C**
Blind man breakin' out of a trance

C   **F/C**   **C**
Puts both his hands in the pockets of chance

F   **C**
  Hopin' to find one circum - stance

               G11 **C**
Of dignity

Verse 5   **C**   **F/C**   **C**
I went to the wedding of Mary Lou

                                      F/C **C**
She said, "I don't want nobody see me talkin' to you"

F   **C**
  Said she could get killed if she told me what she knew

               G11 **C**
About dignity

Bridge 2   **G**
  I went down where the vultures feed

F   **C**
  I would've gone deeper, but there wasn't any need

F   **C**
  Heard the tongues of angels and the tongues of men

Dm   **G**
  Wasn't any difference to me

Verse 6   **C**   **F/C** **C**
Chilly wind sharp as a razor blade

                F/C   **C**
House on fire, debts un - paid

F   **C**
  Gonna stand at the window,   gonna ask the maid

               G11 **C**
Have you seen dig - nity?

Link 2 | C | F/C   C | C | F/C   C ‖

                C   F/C   C

Verse 7   Drinkin' man listens to the voice he hears

                                        F/C   C

In a crowded room full of covered-up mirrors

            F   C

      Lookin' into the lost forgotten years

                  G^{11} C

For dignity

                C   F/C   C

Verse 8   Met Prince Phillip at the home of the blues

                                       F/C   C

Said he'd give me information if his name wasn't used

                F   C

He wanted money up front, said he was abused

                 G^{11} C

By dignity

                G

Bridge 3   Footprints runnin' 'cross the silver sand

            F   C

      Steps goin' down into tattoo land

                F   C

I met the sons of darkness and the sons of light

           Dm   G

In the bordertowns of des - pair

                C   F/C   C

Verse 9   Got no place to fade, got no coat

                                   F/C   C

I'm on the rollin' river in a jerkin' boat

       F   C

      Tryin' to read a note somebody wrote

                G^{11} C

About dignity

Instrumental | C | F/C   C | C | F/C   C |

                      | F | C | C | G^{11} C ‖

Verse 10

```
C                                      F/C   C
Sick man lookin' for the doctor's cure
                            F/C        C
Lookin' at his hands for the lines that were
F                        C
  And into every masterpiece of literature
              G¹¹  C
For dignity
```

Verse 11

```
C                                      F/C   C
Englishman stranded in the blackheart wind
                      F/C        C
Combin' his hair back, his future looks thin
F                        C
  Bites the bullet and he looks within
              G¹¹  C
For dignity
```

Bridge 4

```
G
  Someone showed me a picture and I just laughed
F                                    C
  Dignity never been photographed
  F                C
I went into the red, went into the black
Dm                                   G
  Into the valley of dry bone dreams
```

Verse 12

```
C                              F/C   C
So many roads, so much at stake
                          F/C        C
So many dead ends, I'm at the edge of the lake
F                        C
  Sometimes I wonder   what it's gonna take
              G¹¹  C
To find dignity
```

Outro

```
‖: C     | F/C  C | C     | F/C  C |

 | F      | C      | C     | G¹¹  C :‖   Repeat to fade
```

Don't Think Twice, It's All Righ

Words & Music by Bob Dylan

C/G   G7   Am   Am7/G   F

D7/F♯   G   G6   G7*   C7

Capo fourth fret

Intro | C/G   G7 | Am Am7/G F | C/G G7 | C/G   ‖

Verse 1
           C/G   G7   Am   Am7/G
It ain't no use to sit and wonder why, babe
F   C/G   G7
  It don't matter, anyhow
           C/G   G7   Am   Am7/G
An' it ain't no use to sit and wonder why, babe
D7/F♯   G   G6   G7*
  If you don't know by now
              C/G   C7
When your rooster crows at the break of dawn
F   D7/F♯
  Look out your window and I'll be gone
C/G   G7   Am Am7/G F
You're the reason I'm trav'lin'   on
C/G   G6   G7* C/G
Don't think twice, it's all   right

Link 1 | C/G   G | Am Am7/G | F | C/G | C/G   ‖

48

     C/G   G7   Am   Am7/G
It ain't no use in turnin' on your light, babe
     F   C/G   G7
The light I never knowed
       C/G   G7   Am   Am7/G
An' it ain't no use in turnin' on your light, babe
D7/F#   G   G6   G7*
   I'm on the dark side of the road
     C/G   C7
Still I wish there was somethin' you would do or say
    F   D7/F#
To try and make me change my mind and stay
    C/G G7   Am   Am7/G   F
We never did too much talkin' anyway
     C/G   G6   G7* C/G
So don't think twice, it's all right

| C/G G | Am Am7/G | F | | C/G | | C/G | ‖

    C/G   G7   Am   Am7/G
It ain't no use in callin' out my name, gal
F   C/G G7
   Like you never did before
    C/G   G7   Am   Am7/G
It ain't no use in callin' out my name, gal
D7/F#   G   G6   G7*
   I can't hear you anymore
     C/G   C7
I'm a-thinkin' and a-wond'rin' all the way down the road
    F   D7/F#
I once loved a woman, a child I'm told
    C/G   G7   Am   Am7/G   F
I give her my heart but she wanted my soul
    C/G   G6   G7* C/G
But don't think twice, it's all right

| C/G G7 | Am Am7/G | F | | C/G G7 | C/G | C/G | ‖

Verse 4

      C/G   **G7**   **Am**
I'm walkin' down that long, lonesome road, babe

Am7/G   **F**   **C/G** **G7**
Where I'm bound, I can't tell

     C/G   **G7**   **Am**   **Am7/G**
But goodbye's too good a word, gal

D7/F♯   **G**   **G6** **G7***
  So I'll just say fare thee well

C/G   **C7**
I ain't sayin' you treated me unkind

   F   **D7/F♯**
You could have done better but I don't mind

C/G   **G7**   **Am**   **Am7/G** **F**
You just kinda wasted my pre - cious time

     C/G   **G6**   **G7*** **C/G**
But don't think twice, it's all right

Coda

C/G G7	Am Am7/G	F	C/G	
C/G G7	Am Am7/G	D7/F♯	G G6 G7*
C/G	C7	F	D7/F♯
C/G G7	Am Am7/G F	C/G G6 G7*	C/F F	C/G

Duquesne Whistle

Music by Bob Dylan
Words by Bob Dylan & Robert Hunter

C	F	Fm6	G7	C7	D7	Am

Capo third fret

Intro

‖: C | F | C | F Fm6 |

| C | C G7 | C | C :‖

| C7 | C7 | F | F |

| D7 | D7 | G7 | G7 ‖

‖: C | F | C | F Fm6 |

| C | C G7 | C | C :‖

Verse 1

C · · · · · · · · · F · · · · · · · · · · · · · · C · · · · · · · · · · · F Fm6
Listen to that Duquesne whistle blowin'
C · G7 · · · · · · C
Blowin' like it's gonna sweep my world a - way
· · · · · · · · · · · · · · · · · F · · · · · · · · · · · · · · · C · · · · · F Fm6
I'm gonna stop at Carbondale and keep on going
· · · · · · · · C · G7 · · · · · · C
That Duquesne train gonna ride me night and day
C7 · F
You say I'm a gambler, you say I'm a pimp
D7 · · · · · · · · · · · · · · G7
· · But I ain't neither one
C · · · · · · · · · F · · · · · · · C · · · · · · · · · · · · · · · F Fm6
Listen to that Duquesne whistle blowin'
C · · · · · · · · · · · · · · · · G7 · C
Sound like it's on a final run

Link 1

| F C | C | F C | C ‖

Verse 2

```
C                F                    C        F  Fm6
Listen to that Duquesne whistle blowin'
C                    G7         C
Blowin' like she never blowed be - fore
                 F          C        F  Fm6
Blue light blinking,   red light glowin'
C                    G7          C
Blowin' like she's at my chamber door
C7                                    F
You smiling through the fence at me
D7                          G7
Just like you always smiled be - fore
C                F                    C        F  Fm6
Listen to that Duquesne whistle blowin'
C                         G7      C
Blowin' like she ain't gonna blow no more
```

Link 2

```
| C       | F       | C       | F  Fm6 |

| C       | C  G7   | C       | C       ||
```

Verse 3

```
C                    F                    C        F  Fm6
Can't you hear that Duquesne whistle blowin'
C                         G7       C
Blowin' like the sky's gonna blow a - part
                      F              C        F  Fm6
You're the only thing a - live that keeps me goin'
C                        G7      C
You're like a time bomb in my heart
C7                              F
I can hear a sweet voice gently calling
D7                           G7
Must be the Mother of our Lord
C                F                    C        F  Fm6
Listen to that Duquesne whistle blowin'
C                         G7 C
Blowin' like my woman's on  board
```

Link 3

```
| F  C    | C       | F  C    | C       ||
```

Verse 4

```
C                F                    C        F  Fm6
Listen to that Duquesne whistle blowin'
C                              G7       C
Blowin' like it's gonna blow my blues a - way
```

cont.

                       F   **C**   **F Fm6**
You ole rascal, I know ex - actly where you're goin'

     C   **G7**   **C**
I'll lead you there myself at the break of day

  C7   **F**
I wake up every morning with that woman in my bed

D7   **G7**
Everybody telling me she's gone to my head

C   **F**   **C**   **F Fm6**
Listen to that Duquesne whistle blowin'

C   **G7**   **C**
Blowin' like it's gonna kill me dead

Link 4

| C | G | F | Am |
| C | G | F | Am |

| F | C | G | G |

| C | F | C | F Fm6 |

| C | C G7 | C | C ‖

Verse 5

C   **F**   **C**   **F Fm6**
Can't you hear that Duquesne whistle blowin'

C   **G7**   **C**
Blowin' through another no-good town

             F   **C**   **F Fm6**
The lights of my native land are glowin'

  C   **G7**   **C**
I wonder if they'll know me next time a - round

C7   **F**
I wonder if that old oak tree's still standing

    D7   **G7**
That old oak tree, the one we used to climb

C   **F**   **C**   **F Fm6**
Listen to that Duquesne whistle blowin'

C   **G7**   **C**
Blowin' like she's blowin' right on time

Link 5

| G7 | G7 | G7 | G7 |

| G7 | G7 | G7 | G7 ‖

Outro

‖: C | F | C | F Fm6 |

| C | C G7 | C | C :‖   *Repeat to fade*

Every Grain Of Sand

Words & Music by Bob Dylan

Capo third fret

Intro
| C   F | C   F | C   F | C   F ‖

Verse 1
        C   F   C   F
In the time of my confession, in the hour of my deepest need
           C   F   G   Gsus4   G
When the pool of tears beneath my feet flood every newborn seed
          C   F C   F
There's a dyin' voice within me reaching out somewhere
C   F   G   Gsus4   G
Toiling in the danger and in the morals of des - pair

Chorus 1
        G   G7   C   G
Don't have the inclination to look back on any mistake
            G7   C   G   F
Like Cain, I now behold this chain of events that I must break
      C   Fmaj9   C   Fmaj9
In the fury of the moment I can see the Master's hand
     C   Fmaj9   G   G7   C
In every leaf that trembles, in every grain of sand

Verse 2
         C   F   C   F
Oh, the flowers of indulgence and the weeds of yesteryear
     ·C   F   G   Gsus4   C
Like criminals, they have choked the breath of conscience and good
     C   F   C   F
The sun beat down upon the steps of time to light the way
     C   F   G   Gsus4 G
To ease the pain of idleness and the memory of   decay

G   G7   C   G
I gaze into the doorway of temptation's angry flame
                    G7   C   G   F
And every time I pass that way I always hear my name
          C   Fmaj9   C   Fmaj9
Then onward in my journey I come to understand
          C   Fmaj9   G   G7   C
That every hair is numbered like every grain of sand

Solo

‖: C   F | C   F | C   F | G Gsus4 G :‖

| G   G7 | C   G | G   G7 | C   G F |

| C   Fmaj9 | C   Fmaj9 | C   Fmaj9 | G G7 C   ‖

Verse 3

          C   F   C   F
I have gone from rags to riches in the sorrow of the night
          C   F   G   Gsus4 G
In the violence of a summer's dream, in the chill of a wintry light
          C   F   C   F
In the bitter dance of loneliness fading into space
          C   F   G   Gsus4 G
In the broken mirror of innocence on each forgotten face

Chorus 3

          G   G7   C   G
I hear the ancient footsteps like the motion of the sea
                          G7   C   G   F
Sometimes I turn, there's someone there, other times it's only me
          C   Fmaj9   C   Fmaj9
I am hanging in the balance   of the reality of man
          C   Fmaj9   G   G7   C
Like every sparrow falling, like every grain of sand

Coda

‖: C   F | C   F | C   F | G Gsus4 G :‖

| G   G7 | C   G | G   G7 | C   G F |

| C   Fmaj9 | C   Fmaj9 | C   Fmaj9 | G G7 C   ‖

Everything Is Broken

Words & Music by Bob Dylan

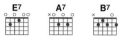

Intro

‖: E7 | E7 | E7 | E7 :‖

Verse 1

E7
Broken lines, broken strings

Broken threads, broken springs
A7
Broken idols, broken heads
E7
People sleeping in broken beds
B7
Ain't no use jiving
A7
Ain't no use joking
E7
Everything is broken

Link 1

| E7 | E7 | E7 | E7 ‖

Verse 2

E7
Broken bottles, broken plates

Broken switches, broken gates
A7
Broken dishes, broken parts
E7
Streets are filled with broken hearts
B7   A7
Broken words never meant to be spoken
E7
Everything is broken

Link 2   As Link 1

	B7
Bridge 1	Seem like every time you stop and turn around
	A7
	Something else just hit the ground

	E7
Verse 3	Broken cutters, broken saws
	Broken buckles, broken laws
	A7
	Broken bodies, broken bones
	E7
	Broken voices on broken phones
	B7 **A7**
	Take a deep breath, feel like you're chokin'
	E7
	Everything is broken

Instrumental	| E7	| E7	| E7	| E7	|
	| A7	| A7	| E7	| E7	|
	| B7	| A7	| E7	| E7	||

	B7
Bridge 2	Every time you leave and go off someplace
	A7
	Things fall to pieces in my face

	E7
Verse 4	Broken hands on broken ploughs
	Broken treaties, broken vows
	A7
	Broken pipes, broken tools
	E7
	People bending broken rules
	B7 **A7**
	Hound dog howling, bullfrog croaking
	E7
	Everything is broken

Outro	|: E7	| E7	| E7	| E7	|
	| A7	| A7	| E7	| E7	|
	| B7	| A7	| E7	| E7	:| *Repeat and fade*

Forever Young

Words & Music by Bob Dylan

D F#m/C# Em7 G A7sus4 A7 A Bm

Intro | D | D | D | D ||

Verse 1
        D
May God bless and keep you always
      F#m/C#
May your wishes all come true
      Em7
May you always do for others
  G   **D**
And let others do for you

May you build a ladder to the stars
      F#m/C#
And climb on every rung
      Em7 **A7sus4** **A7**   **D**
May you stay   forever young

Chorus 1
       A   **Bm**
Forever young, forever young
      D **A**   **D**
May you   stay__ forever young

Verse 2
       D
May you grow up to be righteous
      F#m/C#
May you grow up to be true
     Em7
May you always know the truth
      G   **D**
And see the lights surrounding you

cont. May you always be courageous
        F#m/C#
Stand upright and be strong
          Em7 A7sus4 A7   D
May you stay   forever young

          A   Bm
Chorus 2 Forever young, forever young
          D A   D
May you stay___ forever young

          D
Verse 3 May your hands always be busy
          F#m/C#
May your feet always be swift
      G
May you have a strong foundation
              D
When the winds of changes shift

May your heart always be joyful
          F#m/C#
May your song always be sung
          G A7sus4 A7   D
May you stay   forever young

          A   Bm
Chorus 3 Forever young, forever young
          D A   D
May you stay___ forever young

Coda

D	F#m/C#	G	G	D	D
D	F#m/C#	G	A	D	D
A	A	Bm	Bm		
D	A	D	D		

59

Girl From The North Country

Words & Music by Bob Dylan

Capo third fret

Intro | G | C/G | C/G G | C/G G | C/G G | G | G

Verse 1
Em9   D7/F#   G   C/G G
Well, if you're travelin' in the north   country fair
            Em9   D7/F#   G   C/G G
Where the winds hit heavy on the bor - derline
        Em   C/G   G   C/G G
Re - member me to one who lives there
Em9   D7/F#   G   C/G G
She once was a true love of mine

Verse 2
Em9   D7/F#   G   C/G G
Well, if you go when the snowflakes storm
              Em9   D7/F#   G   C/G G
When the rivers freeze and   summer ends
        Em   C/G   G   C/G G
Please   see if she's wearing a coat so warm
        Em9   D7/F# C/G G   D7/F# G
To keep her from the howl - in' winds

Verse 3
Em9   D7/F#   G   C/G G
   Please see for me if her hair hangs long
        Em9   D7/F#   G   C/G G
If it rolls and flows all   down her breast
        Em   C/G   G   C/G G
Please   see for me if her hair hangs long
Em9   D7/F#   G   C/G   G
That's the way I re - member her best

Verse 4

       Em⁹   D⁷/F♯   G   C/G G
I'm a - wonderin' if she re - members me at all

Em⁹   D⁷/F♯   G   C/G G
Many times I've   often prayed

Em   C/G   G   C/G G
In the darkness of my night

Em⁹   D⁷/F♯ G   C/G G
In the brightness of my day

Harmonica solo

‖: Em⁹	Em⁹	D⁷/F♯	G	G	:‖
Em	Em	C/G	G	G	
Em⁹	Em⁹	D⁷/F♯	G	C/G	G	G

Verse 5

       Em⁹   D⁷/F♯   G   C/G G
So if you're travelin' in the north country fair

                Em⁹   D⁷/F♯   G   C/G G
Where the winds hit heavy on the borderline

       Em   C/G   G   C/G G
Re - member me to one who lives there

Em⁹   D⁷/F♯   C/G G
She once was a true love of mine

Harmonica outro

Em⁹	Em⁹	Em⁹	Em⁹	Em⁹	Em⁹	Em⁹
D⁷/F♯	D⁷/F♯	D⁷/F♯	D⁷/F♯	G	C/G	G ‖

Gotta Serve Somebody

Words & Music by Bob Dylan

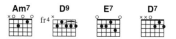

Am7   D9   E7   D7

Intro | (Am7) | (Am7) | (Am7) | (Am7) ||

Verse 1

Am7
You may be an ambassador to England or France

You may like to gamble, you might like to dance

You may be the heavyweight champion of the world

You may be a socialite with a long string of pearls
D9
But you're gonna have to serve somebody, yes indeed
Am7
You're gonna have to serve somebody
E7   **D9**   **E7**
Well, it may be the devil or it may be the Lord
D7   **Am7**
But you're gonna have to serve somebody

Verse 2

Am7
You might be a rock 'n' roll addict prancing on the stage

You might have drugs at your command, women in a cage

You may be a businessman or some high-degree thief

They may call you Doctor or they may call you Chief
D9
But you're gonna have to serve somebody, yes indeed
Am7
You're gonna have to serve somebody
E7   **D9**
Well, it may be the devil or it may be the Lord
E7   **D7**   **Am7**
But you're gonna have to serve somebody

Verse 3

Am7
You may be a state trooper, you might be a young Turk

You may be the head of some big TV network

You may be rich or poor, you may be blind or lame

You may be living in another country under another name
                         D9
But you're gonna have to serve somebody, yes indeed
                 Am7
You're gonna have to serve somebody
   E7   **D9**
Well, it may be the devil or it may be the Lord
E7   **D7**   **Am7**
  But you're gonna have to serve somebody

Verse 4

     Am7
You may be a construction worker working on a home

You may be living in a mansion or you might live in a dome

You might own guns and you might even own tanks

You might be somebody's landlord, you might even own banks
                        D9
But you're gonna have to serve somebody, yes indeed
                 Am7
You're gonna have to serve somebody
   E7   **D9**   **E7**
Well, it may be the devil or it   may be the Lord
        D7   **Am7**
But you're gonna have to serve somebody

Verse 5

     Am7
You may be a preacher with your spiritual pride

You may be a city councilman taking bribes on the side

You may be workin' in a barbershop, you may know how to cut hair

You may be somebody's mistress, may be somebody's heir

cont.

                            D9
But you're gonna have to serve somebody, yes indeed

                 Am7
You're gonna have to serve somebody

E7   **D9**
Well, it may be the devil or it may be the Lord

E7   **D7**   **Am7**
But you're gonna have to serve somebody

Verse 6

Am7
Might like to wear cotton, might like to wear silk

Might like to drink whiskey, might like to drink milk

You might like to eat caviar, you might like to eat bread

You may be sleeping on the floor, sleeping in a king-sized bed

                        D9
But you're gonna have to serve somebody, yes indeed

                 Am7
You're gonna have to serve somebody

       E7   **D9**
Well, it may be the devil or it may be the Lord

E7   **D7**   **Am7**
  But you're gonna have to serve somebody

Verse 7

Am7
You may call me Terry, you may call me Timmy

You may call me Bobby, you may call me Zimmy

You may call me R.J., you may call me Ray

You may call me anything but no matter what you say

                    D9
You're gonna have to serve somebody, yes indeed

                 Am7
You're gonna have to serve somebody

       E7   **D9**   **E7**
Well, it may be the devil or it may be the Lord

        D7   **Am7**
But you're gonna have to serve somebody

Coda

‖: **Am7** | **Am7** | **Am7** | **Am7** :‖   *Repeat to fade*

A Hard Rain's A-Gonna Fall

Words & Music by Bob Dylan

D   G/B   A/E   G/D   A/D

Capo second fret

⑥ = D   ③ = G
⑤ = A   ② = B
④ = D   ① = E

Verse 1

      D   **G/B**   **D**
Oh, where have you been, my blue-eyed son?

                                     A/E
Oh, where have you been, my darling young one?

   G/D   **A/D**   **D**
I've stumbled on the side of twelve misty mountains

       G/D   **A/D**   **D**
I've walked   and I've crawled on six crooked highways

       G/D   **A/D**   **D**
I've stepped   in the middle of seven sad forests

     G/D   **A/D**   **D**
I've been out in front of a dozen dead oceans

        G/D   **A/D**   **D**
I've been ten thousand miles in the mouth of a graveyard

            A/E   **D**   **G/B**
And it's a hard, and it's a hard, it's a hard, and it's a hard

       D   **A/E**   **D** **G/B D**
And it's a hard rain's_____ a-gonna fall

Verse 2

      D   **G/B**   **D**
Oh, what did you see, my blue-eyed son?

                              A/E
Oh, what did you see, my darling young one?

   G/D   **A/D**   **D**
I saw a newborn baby with wild wolves all around it

   G/D   **A/D**   **D**
I saw a highway of diamonds with nobody on it

   G/D   **A/D**   **D**
I saw a black branch with blood that kept drippin'

cont.

```
         G/D                A/D          D
I saw a room full of men with their hammers a-bleedin'
       G/D              A/D         D
I saw a white ladder all covered with water
          G/D                     A/D              D
I saw ten thousand talkers whose tongues were all broken
            G/D                      A/D              D
I saw guns and sharp swords in the hands of young children
                              A/E       D         G/B
And it's a hard, and it's a hard, it's a hard, it's a hard
         D              A/E           D    G/B  D
And it's a hard rain's_____ a-gonna fall
```

Verse 3

```
         D                        G/B       D
And what did you hear, my blue-eyed son?
                                          A/E
And what did you hear, my darling young one?
           G/D                    A/D          D
I heard the sound of a thunder, it roared out a warnin'
            G/D                     A/D              D
Heard the roar of a wave that could drown the whole world
            G/D                      A/D              D
Heard one hundred drummers whose hands were a-blazin'
            G/D                    A/D        D
Heard ten thousand whisperin' and nobody listenin'
            G/D                  A/D              D
Heard one person starve, I heard many people laughin'
              G/D              A/D        D
Heard the song of a poet who died in the gutter
              G/D              A/D        D
Heard the sound of a clown who cried in the alley
                              A/E       D         G/B
And it's a hard, and it's a hard, it's a hard, it's a hard
       D              A/E           D    G/B  D
It's a hard rain's_____ a-gonna fall
```

Verse 4

```
         D                        G/B       D
Oh, who did you meet, my blue-eyed son?
                                       A/E
Who did you meet, my darling young one?
        G/D              A/D       D
I met a young child beside a dead pony
        G/D              A/D          D
I met a white man who walked a black dog
```

cont.

```
        G/D                      A/D        D
I met a young woman whose body was burning
        G/D              A/D        D
I met a young girl, she gave me a rainbow
        G/D                A/D            D
I met one man who was wounded in love
        G/D                      A/D        D
I met another man who was wounded with hatred
                      A/E        D        G/B
And it's a hard, it's a hard, it's a hard, it's a hard
        D          A/E          D    G/B  D
It's a hard rain's_____ a-gonna fall
```

Verse 5

```
        D                        G/B      D    G/B  D
Oh, what'll you do now, my blue-eyed son?
                                    A/E
Oh, what'll you do now, my darling young one?
          G/D              A/D        D
I'm a-goin' back out 'fore the rain starts a-fallin'
          G/D                A/D            D
I'll walk to the depths of the deepest black forest
                  G/D                  A/D              D
Where the people are many and their hands are all empty
          G/D                      A/D        D
Where the pellets of poison are flooding their waters
              G/D                      A/D              D
Where the home in the valley meets the damp dirty prison
              G/D                  A/D          D
Where the executioner's face is always well hidden
          G/D                      A/D        D
Where hunger is ugly, where souls are forgotten
          G/D                      A/D        D
Where black is the color, where none is the number
            G/D                  A/D              D
And I'll tell it and speak it and think it and breathe it
              G/D                      A/D          D
And reflect it from the mountain so all souls can see it
              G/D              A/D        D
Then I'll stand on the ocean until I start sinkin'
          G/D                          A/D    D
But I'll know my song well before I start singin'
                      A/E        D        G/B
And it's a hard, it's a hard, it's a hard, it's a hard
        D          A/E          D    G/B  D
It's a hard rain's_____ a-gonna fall
```

High Water
(For Charley Patton)

Words & Music by Bob Dylan

G	F5	F#5
×○○○○○	fr3	fr4

⑥ = D   ③ = G
⑤ = G   ② = B
④ = D   ① = D

Intro | G | G F5 F#5 | G | G F5 F#5 |

| G | G   ‖

Verse 1
G
High water risin' – risin' night and day

All the gold and silver are being stolen away

Big Joe Turner lookin' East and West

From the dark room of his mind

He made it to Kansas City

Twelfth Street and Vine
F5   F#5   G
Nothing standing there
       F5   F#5   G
High water every - where

Verse 2
G
High water risin', the shacks are slidin' down

Folks losin' their possessions – folks are leaving town

Bertha Mason shook it – broke it

Then she hung it on the wall

Says, "You're dancin' with whom they tell you to

Or you don't dance at all."

    F5   **F#5**   **G**
It's rough out   there

    F5   **F#5**   **G**
High water every - where

G

Verse 3   I got a cravin' love for blazing speed

Got a hopped-up Mustang Ford

Jump into the wagon, baby, throw your panties overboard

I can write you poems, make a strong man lose his mind

I'm no pig without a wig

I hope you treat me kind

       F5   **F#5**   **G**
Things are breakin' up out there

    F5   **F#5**   **G**
High water every - where.

G

Verse 4   High water risin', six inches 'bove my head

Coffins droppin' in the street

Like balloons made out of lead

Water pourin' into Vicksburg, don't know what I'm going to do

"Don't reach out for me," she said

"Can't you see I'm drownin' too?"

   F5   **F#5** **G**
It's dark out   there

   F5   **F#5**   **G**
High water every - where

G

Verse 5   George Lewis told the Englishman, the Italian and the Jew

"You can't open up your mind, boys

To every conceivable point of view"

cont.   They got Charles Darwin trapped out there on Highway Five

Judge says to the High Sheriff

"I want him dead or alive
```
F5          F♯5      G
```
Either one, I don't care."
```
        F5      F♯5     G
```
High water every - where

Verse 6   The Cuckoo is a pretty bird, she warbles as she flies

I'm preachin' the Word of God

I'm puttin' out your eyes

I asked Fat Nancy for something to eat, she said, "Take it off the she

As great as you are a man

You'll never be greater than yourself."
```
            F5      F♯5    G
```
I told her I didn't really care
```
        F5      F♯5     G
```
High water every - where
```
G
```
Verse 7   I'm gettin' up in the morning – I believe I'll dust my broom

I'm keeping away from the women, I'm givin' 'em lots of room

Thunder rolling over Clarkesdale, everything is looking blue

I just can't be happy, love

Unless you're happy too
```
    F5   F♯5 G
```
It's bad out there
```
        F5      F♯5     G
```
High water every - where

Outro | G | G | G | G |

| G | G | G | G |

| G F5 F♯5 | G F5 F♯5 | G   ‖   *To fade*

I Believe In You

Words & Music by Bob Dylan

Intro | E **Esus4** E **Esus4** E | E **Esus4** E **Esus4** E | E ‖

Verse 1
E
They ask me how I feel

And if my love is real
      A **E**
And how I know I'll make it through
   A **E**
And they, they look at me and frown
         D
They'd like to drive me from this town
       A
They don't want me a - round
   E
'Cause I be - lieve in you

Verse 2
E
They show me to the door

They say don't come back no more
        A **E**
'Cause I don't be like they'd like me to
   A **E**
And I walk out on my own
     D
A thousand miles from home
     A
But I don't feel a - lone
   E
'Cause I be - lieve in you

Chorus 1

     D   **A**   **E**
I be - lieve in you even through the tears and the laughter

     D   **A**   **E**   **Esus4 E**
I be - lieve in you even though we be a - part

     D   **A**   **E**
I be - lieve in you even on the morning af - ter

A   **B**   **E/G♯** **A**
Oh, when the dawn is near - ing

          B   **E/G♯** **A**
Oh, when the night is disap - pearing

         B   **E/G♯**   **A**   **B**
Oh, this feeling is still here in my heart

Verse 3

E
Don't let me drift too far

Keep me where you are

                 A   **E**
Where I will always be re - newed

                A   **E**
And that which you've given me today

                     D
Is worth more than I could pay

                 A
And no matter what they say

E
I be - lieve in you

Instrumental

E **Esus4 E Esus4 E**	**E** **Esus4 E Esus4 E**
E **Esus4 E Esus4 E**	**A** **E**
E **Esus4 E Esus4 E**	**E** **Esus4 E Esus4 E**
D   **A**   **E**   **E**

Chorus 2
```
        D                    A              E
I be - lieve in you when winter turn to summer
        D                    A            E
I be - lieve in you when white turn to black
        D             A                    E
I be - lieve in you even though I be out - numbered
A              B      E/G#    A
Oh, though the earth may shake me
               B      E/G#    A
Oh, though my friends forsake me
               B  E/G#    A              B
Oh, even that couldn't make me go back
```

Verse 4
```
E
Don't let me change my heart

Keep me set apart
                          A       E
From all the plans they do pur - sue

And I, I don't mind the pain
                        D
Don't mind the driving rain
              A
I know I will sus - tain
              E
'Cause I be - lieve in you
```

Outro
```
‖: E    Esus4 E Esus4 E  | E    Esus4 E Esus4 E  |

 | E    Esus4 E Esus4 E  | A           | E           |

 | E    Esus4 E Esus4 E  | E    Esus4 E Esus4 E  |

 | D           | A       | E         :‖  Repeat to fade
```

Hurricane

Words & Music by Bob Dylan & Jacques Levy

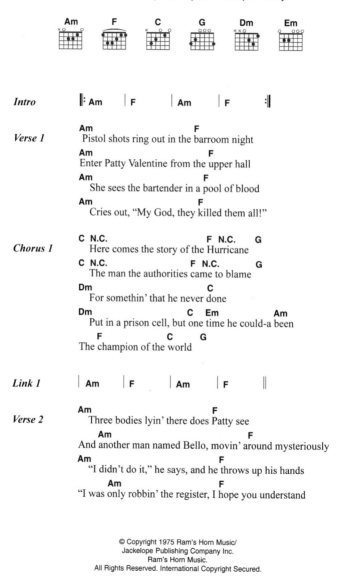

Intro

‖: Am | F | Am | F :‖

Verse 1

Am   F
Pistol shots ring out in the barroom night

Am   F
Enter Patty Valentine from the upper hall

Am   F
 She sees the bartender in a pool of blood

Am   F
 Cries out, "My God, they killed them all!"

Chorus 1

C N.C.   F N.C. G
 Here comes the story of the Hurricane

C N.C.   F N.C. G
 The man the authorities came to blame

Dm   C
 For somethin' that he never done

Dm   C Em   Am
 Put in a prison cell, but one time he could-a been

  F   C G
The champion of the world

Link 1

| Am | F | Am | F ‖

Verse 2

Am   F
 Three bodies lyin' there does Patty see

  Am   F
And another man named Bello, movin' around mysteriously

Am   F
 "I didn't do it," he says, and he throws up his hands

   Am   F
"I was only robbin' the register, I hope you understand

```
C  N.C.                    F  N.C.              G
   I saw them leavin'," he says, and he stops
C  N.C.                    F  N.C.         G
   "One of us had better call up the cops"
Dm                    C
   And so Patty calls the cops
Dm                    C              Em      Am
   And they arrive on the scene with their red lights flashin'
      F              C      G
In the hot New Jersey night
```

```
| Am      | F     | Am      | F      ||
```

```
Am                          F
Meanwhile, far away in another part of town
Am                                F
Rubin Carter and a couple of friends are drivin' around
Am                                F
Number one contender for the middleweight crown
      Am                    F
Had no idea what kinda shit was about to go down
```

```
C  N.C.                         F  N.C.            G
   When a cop pulled him over to the side of the road
C  N.C.                         F  N.C.        G
   Just like the time before and the time before that
   Dm                        C
In Paterson that's just the way things   go
      Dm                    C    Em      Am
If you're black you might as well not show up on the street
         F              C    G
'Less you wanna draw the heat
```

```
| Am      | F     | Am      | F      ||
```

```
Am                                   F
Alfred Bello had a partner and he had a rap for the cops
Am                                 F
Him and Arthur Dexter Bradley were just out   prowlin' around
      Am                        F
He said, "I saw two men runnin' out, they looked like middleweights
         Am                      F
They jumped into a white car with out-of-state plates"
```

Chorus 4

C N.C.   F N.C.   G
   And Miss Patty Valentine just nodded her head

C   N.C.   F N.C.   G
Cop said, "Wait a minute, boys, this one's not dead"

        Dm   C
So they took him to the infirmary

Dm   C
   And though this man could hardly see

      Em   Am F   C   G
They told him that he could identify the guilty men

Link 4

| Am | F | Am | F   ‖

Verse 5

Am   F
   Four in the mornin' and they haul Rubin in

Am   F
Take him to the hospital and they bring him upstairs

     Am   F
The wounded man looks up through his one dyin' eye

     Am   F
Says, "Wha'd you bring him in here for? He ain't the guy!"

Chorus 5

C N.C.   F N.C.   G
   Yes, here's the story of the Hurricane

C N.C.   F N.C.   G
   The man the authorities came to blame

Dm   C
   For somethin' that he never done

Dm   C Em   Am
   Put in a prison cell, but one time he could-a been

     F   C   G
The champion of the world

Link 5

| Am | F | Am | F   ‖

Verse 6

Am   F
   Four months later, the ghettos are in flame

Am   F
Rubin's in South America, fightin' for his name

     Am   F
While Arthur Dexter Bradley's still in the robbery game

     Am   F
And the cops are puttin' the screws to him, lookin' for somebody to bl

Chorus 6

  C N.C.   F N.C.   G
   "Remember that murder that happened in a bar?"

  C N.C.   F N.C.   G
  "Remember you said you saw the getaway car?"

    Dm   C
  "You think you'd like to play ball with the law?"

  Dm   C Em   Am
  "Think it might-a been that fighter that you saw runnin' that night?"

     F   C   G
  "Don't forget that you are white"

Link 6

| Am | F | Am | F   ‖

Verse 7

Am   F
Arthur Dexter Bradley said, "I'm really not sure"

Am   F
Cops said, "A poor boy like you could use a break

  Am   F
We got you for the motel job and we're talkin' to your friend Bello

   Am   F
Now you don't wanta have to go back to jail, be a nice fellow

Chorus 7

C N.C.   F N.C.   G
 You'll be doin' society a favor

C N.C.   F N.C.   G
 That sonofabitch is brave and getting braver

Dm   C
 We want to put his ass in stir

Dm   C Em Am
 We want to pin this triple murder on him

 F   C   G
He ain't no Gentleman Jim"

Link 7

| Am | F | Am | F   ‖

Verse 8

Am   F
Rubin could take a man out with just one punch

  Am   F
But he never did like to talk about it all that much

   Am   F
It's my work, he'd say, and I do it for pay

Am   F
 And when it's over I'd just as soon go on my way

	C N.C. F N.C. G
Chorus 8	Up to some paradise

C N.C.   **F N.C.**   **G**

Chorus 8

```
              C  N.C.         F  N.C.    G
Chorus 8      Up to some paradise
              C  N.C.                              F  N.C.    G
              Where the trout streams flow and the air is nice
              Dm                      C
              And ride a horse along a trail
              Dm                              C   Em
              But then they took him to the jailhouse
                          Am          F         C      G
              Where they try to turn a man into a mouse


Link 8        | Am      | F      | Am      | F        ‖


              Am                    F
Verse 9       All of Rubin's cards were marked in advance
                  Am                  F
              The trial was a pig-circus, he never had a chance
                  Am                      F
              The judge made Rubin's witnesses drunkards from the slums
                    Am                          F
              To the white folks who watched he was a revolutionary bum


              C  N.C.                            F  N.C.    G
Chorus 9      And to the black folks he was just a crazy nigger
              C  N.C.              F  N.C.           G
              No one doubted that he pulled the trigger
              Dm                            C
              And though they could not produce the gun
              Dm                      C   Em        Am
              The D.A. said he was the one who did the deed
                    F           C      G
              And the all-white jury agreed


Link 9        | Am      | F      | Am      | F        ‖


              Am              F
Verse 10      Rubin Carter was falsely tried
                  Am                  F
              The crime was murder "one," guess who testified?
              Am                     F
              Bello and Bradley and they both baldly lied
                    Am                      F
              And the newspapers, they all went along for the ride
```

Chorus 10

    C N.C.   F N.C.   G
    How can the life of such a man

    C N.C.   F N.C.   G
    Be in the palm of some fool's hand?

    Dm   C
    To see him obviously framed

    Dm   C   Em   Am
    Couldn't help but make me feel ashamed to live in a land

         F   C   G
    Where justice is a game

Link 10

| Am | F | Am | F | ‖

Verse 11

        Am   F
Now all the criminals in their coats and their ties

     Am   F
Are free to drink martinis and watch the sun rise

      Am   F
While Rubin sits like Buddha in a ten-foot cell

      Am   F
An innocent man in a living hell

Chorus 11

    C N.C.   F N.C.   G
    That's the story of the Hurricane

    C N.C.   F N.C.   G
    But it won't be over till they clear his name

    Dm   C
    And give him back the time he's done

    Dm   C   Em   Am
    Put in a prison cell, but one time he could-a been

        F   C   G
    The champion of the world

Coda

Am	F	Am	F	
C	F	C	F	
Dm	C	Dm	C	Em
Am F	C	G	‖

‖: Am | F | Am | F :‖   *Repeat to fade*

I And I

Words & Music by Bob Dylan

Intro | Am C | G | D | Am |

Verse 1

Am   C   G
Been so long since a strange woman has slept in my bed
D   Am
   Look how sweet she sleeps, how free must be her dreams
                C
In another lifetime she must have owned the world, or been faithfully
G   D   Am
To some righteous king who wrote psalms beside moonlit streams

Chorus 1

I and I
        G   D   Am
In creation where one's nature neither honors nor forgives

I and I
G   D   Am
One says to the other, no man sees my face and lives

Verse 2

Am   C   G
Think I'll go out and go for a walk
D   Am
Not much happenin' here, nothin' ever does
                              C   G
Besides, if she wakes up now, she'll just want me to talk
D   Am
I got nothin' to say, 'specially about whatever was

                Am   C   G
Verse 2   Took an untrodden path once, where the swift don't win the race
             D   Am
             It goes to the worthy, who can divide the word of truth
                            C   G
             Took a stranger to teach me, to look into justice's beautiful face
             D   Am
             And to see an eye for an eye and a tooth for a tooth

Chorus 3   As Chorus 1

                Am   C   G
Verse 3   Outside of two men on a train platform there's nobody in sight
             D   Am
             They're waiting for spring to come, smoking down the track
                            C   G
             The world could come to an end tonight, but that's all right
             D   Am
             She should still be there sleepin' when I get back

Chorus 4   As Chorus 1

                Am   C   G
Verse 4   Noontime, and I'm still pushin' myself along the road, the darkest part
             D   Am
             Into the narrow lanes, I can't stumble or stay put
                            C   G
             Someone else is speakin' with my mouth, but I'm listening only to my heart
             D   Am
             I've made shoes for everyone, even you, while I still go barefoot

Chorus 5   As Chorus 1

Intro   ‖: Am | Am | Am | Am   :‖   *Repeat to fade*

I Don't Believe You (She Acts Like We Never Have Met)

Words & Music by Bob Dylan

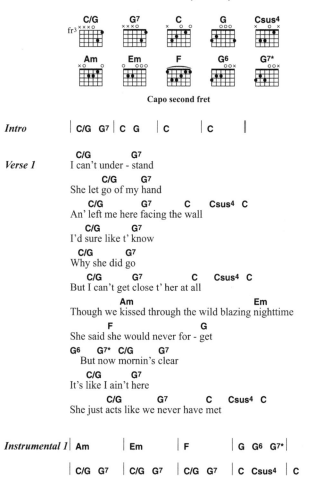

C/G   G7   C   G   Csus4

Am   Em   F   G6   G7*

Capo second fret

Intro
| C/G G7 | C G | C | C ‖

Verse 1

     C/G   **G7**
I can't under - stand

        C/G   **G7**
She let go of my hand

          C/G   **G7**   **C**   **Csus4** **C**
An' left me here facing the wall

        C/G   **G7**
I'd sure like t' know

      C/G   **G7**
Why she did go

        C/G   **G7**   **C**   **Csus4** **C**
But I can't get close t' her at all

              Am   **Em**
Though we kissed through the wild blazing nighttime

      F   **G**
She said she would never for - get

G6   **G7*** **C/G**   **G7**
  But now mornin's clear

     C/G   **G7**
It's like I ain't here

          C/G   **G7**   **C**   **Csus4** **C**
She just acts like we never have met

Instrumental 1 | Am | Em | F | G G6 G7* |

| C/G G7 | C/G G7 | C/G G7 | C Csus4 | C | C |

      C/G   **G7**
It's all new t' me

      C/G   **G7**
Like some myste - ry

      C/G   **G7**   **C**   **Csus4** **C**
It could even be like a myth

      C/G   **G7**
Yet it's hard t' think on

      C/G   **G7**
That she's the same one

 C/G   **G7**   **C**   **Csus4** **C**
That last night I was with

        Am   **Em**
From darkness, dreams're de - serted

    F   **G**   **G6** **G7***
Am I still dreamin' yet?

    C/G   ·**G7**
I wish she'd un - lock

      C/G   **G7**
Her voice once an' talk

          C/G   **G7**   **C**   **Csus4** **C**
'Stead of acting like we never have met

| **Am** | **Em** | **C/G G7 Am** | **G G6 G7*** |

| **C/G G7** | **C/G G7** | **C/G G7** | **C Csus4** | **C** | **C** |

      C/G   **G7**
If she ain't feelin' well

      C/G   **G7**
Then why don't she tell

        C/G   **G7**   **C**   **Csus4** **C**
'Stead of turnin' her back t' my face?

      C/G   **G7**
With - out any doubt

      C/G   **G7**
She seems too far out

     C/G   **G7**   **C**   **Csus4** **C**
For me t' re - turn t' her chase

        Am   **Em**
Though the night ran swirling an' whirling

    F   **G**   **G6**
I re - member her whispering yet

   G7* **C/G**   **G7**
But evi - dently she don't

      C/G   **G7**
An' evi - dently she won't

     G **G6**   **G7**   **C**
She just acts like we never have met

Verse 4

       C/G   G7
If I didn't have t' guess

       C/G   G7
I'd gladly con - fess

      C/G   G7   C   Csus4   C
T' anything I might've tried

       C/G   G7
If I was with 'er too long

       C/G   G7
Or have done something wrong

          C/G   G7   C   Csus4 C
I wish she'd tell me what it is, I'll run an' hide

          Am   Em
Though her skirt it swayed as a guitar played

   F   G   G6
Her mouth was watery and wet

    G7* C/G   G7
But now something has changed

     C/G   G7
For she ain't the same

       C/G   G7   C   Csus4 C
She just acts like we never have met

Instrumental 4 As Instrumental 1

Verse 5

       C/G   G7
I'm leavin' to - day

       C/G   G7
I'll be on my way

       C/G   G7   C   Csus4 C
Of this I can't say very much

        C/G   G7
But if you want me to

       C/G   G7
I can be just like you

         C/G   G7   C
An' pre - tend that we never have touched

        Am   Em
An' if anybody asks me

      F   G   G6
"Is it easy to for - get?"

    G7*   C/G G7
I'll say, "It's easily done

      C/G   G7
You just pick any - one

       C/G   G7   C
An' pre - tend that you never have met!"

Outro | Am | Em | F | G G6 G7*|

              | C/G G7 | C/G G7 | C/G G7 | C   ‖

I Want You

Words & Music by Bob Dylan

D   F#m/C#   Bm   A7   G   A   F#m

Capo third fret

Intro | D | F#m/C# | Bm | A7 | D | D ||

Verse 1
          D
The guilty undertaker sighs
       F#m/C#
The lonesome organ grinder cries
      Bm   **A7**
The silver saxophones say I should   refuse you
     G
The cracked bells and washed-out horns
A
  Blow into my face with scorn
     Bm
But it's   not that way
       A7
I wasn't born to lose you

Chorus 1
     D   **F#m/C#**
I want you, I want you
   Bm   **A7**
I want you so bad
       D
Honey, I want you

Verse 2
      D
The drunken politician leaps
   F#m/C#
Upon the street where mothers weep
     Bm   **A7**
And the saviors who are fast asleep, they   wait for you

cont.

    G
And I wait for them to interrupt

    A
Me drinkin' from my broken cup

    Bm
And ask me to

     A7
Open up the gate for you

Chorus 2

  D   **F♯m/C♯**
I want you, I want you

Bm   **A7**
I want you so bad

    D
Honey, I want you

Bridge

    F♯m
How all my fathers, they've gone down

   Bm
True love they've been without it

   F♯m
But all their daughters put me down

   G   **A**
'Cause I don't think about it

Verse 3

   D
Well, I return to the Queen of Spades

   F♯m/C♯
And talk with my chambermaid

Bm   **A7**
 She knows that I'm not afraid to look at her

G
 She is good to me

   A
And there's nothing she doesn't see

   Bm
She knows where I'd like to be

   A7
But it doesn't matter

Chorus 3

    D   **F♯m/C♯**
I want you, I want you

    Bm   **A7**
I   want you so bad

          D
Honey, I want you

Verse 4

           D
Now your dancing child with his Chinese suit

    F♯m/C♯
He spoke to me, I took his flute

Bm   **A7**
No, I wasn't very cute to him,   was I?

     G
But I did it, though, because he lied

A
  And because he took you for a ride

Bm
  And because time was on his side

A7
  And because I…

Chorus 4

    D   **F♯m/C♯**
I want you, I want you

    Bm   **A7**
I want you so bad

Honey, I want (you)

D	**F♯m/C♯**	**Bm**	**A7**	
you				

‖: **D** | **F♯m/C♯** | **Bm** | **A7** :‖ *Repeat to fade*

I Pity The Poor Immigrant

Words & Music by Bob Dylan

F	B♭	C7	Dm	Am

Intro   ‖: F | B♭ | C7 | F   :‖

Verse 1

    F   B♭
I pity the poor immigrant
    C7   F
Who wishes he would've stayed home
                         B♭
Who uses all his power to do evil
           C7   F
But in the end is always left so alone
      Dm   Am
That man whom with his fingers cheats
          B♭   F
And who lies with ev'ry breath
                  B♭
Who passionately hates his life
        C7   F
And likewise, fears his death

Link 1 | F | B♭ | C7 | F   ‖

Verse 2

    F   B♭
I pity the poor immigrant
        C7   F
Whose strength is spent in vain
               B♭
Whose heaven is like Ironsides
       C7   F
Whose tears are like rain
     Dm   Am
Who eats but is not satisfied
    B♭   F
Who hears but does not see
             B♭
Who falls in love with wealth itself
    C7   F
And turns his back on me

Link 2 | F | B♭ | C7 | F   ‖

Verse 3
    F   **B♭**
I pity the poor immigrant
    C7   **F**
Who tramples through the mud
                B♭
Who fills his mouth with laughing
      C7   **F**
And who builds his town with blood
     Dm   **Am**
Whose visions in the final end
  B♭   **F**
Must shatter like glass
         B♭
I pity the poor immigrant
     C7   **F**
When his gladness comes to pass

Outro   ‖: F | B♭ | C7 | F   :‖

    | Dm | Am | B♭ | F |

    | F | B♭ | C7 | F   ‖

I Shall Be Released

Words & Music by Bob Dylan

G   Am   Bm   C/G

Capo second fret

Intro | G | G | G ||

Verse 1

G   Am
They say ev'rything can be replaced
Bm   Am   G   C/G
Yet ev'ry distance is not near
G   Am
So I remember ev'ry face
Bm   Am   G   C/G
Of ev'ry man who put me here

Chorus 1

G   Am
I see my light come shining
Bm   Am   G
From the west unto the east
             Am
Any day now, any day now
Bm Am   G
I   shall be released

Verse 2

G   Am
They say ev'ry man needs protection
Bm   Am   G   C/G
They say ev'ry man must fall
G   Am
Yet I swear I see my reflection
Bm   Am   G   C/G
Some place so high above this wall

Chorus 2

G   Am
I see my light come shining
Bm   Am   G
From the west unto the east
          Am
Any day now, any day now
Bm Am   G
I shall be released

Verse 3

G   Am
Standing next to me in this lonely crowd

Bm   Am   G   C/G
Is a man who swears he's not to blame

G   Am
All day long I hear him shout so loud

Bm   Am   G   C/G
Crying out that he was framed

Chorus 3

G   Am
I see my light come shining

Bm   Am   G
From the west unto the east

             Am
Any day now,   any day now

Bm Am   G
I   shall be released

Outro

| G | Am | Bm Am | G C/G G |

| G | Am | Bm Am | G   ‖

91

I Threw It All Away

Words & Music by Bob Dylan

A	Dm	C	C/E	F	G	Am

Intro　　　│ A Dm │ C C/E F │ C G │ C ‖

Verse 1
```
      C              Am F      C
      I once held her    in my arms
      C            Am        F      G
      She said she would always  stay
      A          Dm
      But I was cruel
      C           C/E    F    C
I treated her like a fool
      F                 C      F
      I threw it all a - way
```

Verse 2
```
      C            Am       F              C
      Once I had mountains  in the palm of my hand
      C            Am              F    G
      And rivers that ran through ev'ry day
      A                Dm
      I must have been mad
      C       C/E   F    C
I never knew what I had
      F              C      F
Until I threw it all a - way
```

Chorus 1

```
F                    G    C                        Am
Love is all there is, it makes the world go 'round
F              G                    A
Love and only love, it can't be den - ied
F                    G
   No matter what you think about it
C        C/E          A
   You just won't be able to do without it
B♭                           F    G
   Take a tip from one who's tried
```

Verse 3

```
C              Am    F                              C
   So if you find someone who gives you all of her love
                  Am        F    G
Take it to your heart, don't let it stray
   A          Dm
For one thing that's certain
          C    C/E  F
You will surely be a-hurtin'
C              F    C      F
   If you throw it all a - way
C              G    C
   If you throw it all a - way
```

Outro

```
| A  Dm | C C/E F | C  G  | C        ‖
```

Idiot Wind

Words & Music by Bob Dylan

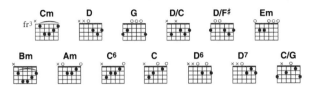

Verse 1

  Cm   **D**   **G**
Someone's got it in for me, they're planting stories in the press

Cm
Whoever it is I wish they'd cut it out

  D   **D/C** **G** **D/F♯**
But when they will I can only guess

Em   **Bm**   **Am**   **G**
They say I shot a man named Gray and took his wife to Italy

Em   **Bm**   **Am**   **G**
She inherited a million bucks and when she died it came to me

   Bm   **C6**
I can't help it if I'm lucky

Verse 2

  Cm   **D**   **D/C**   **G**
People see me all the time and they just can't remember how to act

Cm   **D** **D/C**   **G** **D/F♯**
Their minds are filled with big ideas, images and distorted facts

Em   **Bm**   **Am**   **G**   **D/F♯**
Even you, yesterday you had to ask me where it was at

  Em   **Bm**   **Am**   **G**
I couldn't believe after all these years, you didn't know me better than

Bm **C6**
Sweet lady

Chorus 1

G   **C**   **G**
Idiot wind, blowing every time you move your mouth

C   **D6**   **D7**
Blowing down the backroads headin' south

G   **C**   **G**
Idiot wind, blowing every time you move your teeth

     C
You're an idiot, babe

  D   **D7**   **G** **C/G** **G** **C/G**
It's a wonder that you still know how to breathe

Verse 3

```
Cm                              D
I ran into the fortune-teller, who said beware of
D/C              G
Lightning that might strike
Cm                           D
I haven't known peace and quiet for so long
  D/C                    G      D/F#
I can't remember what it's like
         Em        Bm          Am              G
There's a lone soldier on the cross, smoke pourin' out of a boxcar door
Em                 Bm
You didn't know it, you didn't think it could be done,
Am               G
In the final end he won the wars
     Bm          C6
After losin' every battle
```

Verse 4

```
Cm                              D
I woke up on the roadside, daydreamin' 'bout the
D/C              G
Way things sometimes are
Cm                                D
Visions of your chestnut mare shoot through my head and are
D/C          G      D/F#
Makin' me see stars
Em                Bm           Am        G
You hurt the ones that I love best and cover up the truth with lies
Em               Bm           Am           G
One day you'll be in the ditch, flies buzzin' a - round your eyes
Bm              C6
Blood on your saddle
```

Chorus 2

```
G          C                              G
Idiot wind, blowing through the flowers on your tomb
C                           D6
Blowing through the curtains in your room
G          C                        G
Idiot wind, blowing every time you move your teeth
                 C
You're an idiot, babe
     D              D7            G      C/G  G  C/G
It's a wonder that you still know how to breathe
```

<space>   </space>**Cm**<space>   </space>**D**<space>   </space>**D/C**<space>   </space>**G**
Verse 5<space>   </space>It was gravity which pulled us down and destiny which broke us a - par

<space>   </space>**Cm**<space>   </space>**D**
<space>   </space>You tamed the lion in my cage but it just

<space>   </space>**D/C**<space>   </space>**G**<space>   </space>**D/F#**
<space>   </space>Wasn't e - nough to change my heart

<space>   </space>**Em**<space>   </space>**Bm**
<space>   </space>Now everything's a little upside down,

<space>   </space>**Am**<space>   </space>**G**
<space>   </space>As a matter of fact the wheels have stopped

<space>   </space>**Em**<space>   </space>**Bm**
<space>   </space>What's good is bad, what's bad is good,

<space>   </space>**Am**<space>   </space>**G**
<space>   </space>You'll find out when you reach the top

<space>   </space>**Bm**<space>   </space>**C6**
<space>   </space>You're on the bottom

<space>   </space>**Cm**<space>   </space>**D**<space>   </space>**D/C**<space>   </space>**G**
Verse 6<space>   </space>I noticed at the ceremony, your cor - rupt ways had finally made you bl

<space>   </space>**Cm**
<space>   </space>I can't remember your face anymore,

<space>   </space>**D**<space>   </space>**D/C**<space>   </space>**G**<space>   </space>**D/F#**
<space>   </space>Your mouth has changed, your eyes don't look into mine

<space>   </space>**Em**<space>   </space>**Bm**
<space>   </space>The priest wore black on the seventh day

<space>   </space>**Am**<space>   </space>**G**
<space>   </space>And sat stone-faced while the building burned

<space>   </space>**Em**<space>   </space>**Bm**<space>   </space>**Am**
<space>   </space>I waited for you on the running boards, near the cypress trees,

<space>   </space>**G**<space>   </space>**Bm**<space>   </space>**C6**
<space>   </space>While the springtime turned slowly into Autumn

<space>   </space>**G**<space>   </space>**C**<space>   </space>**G**
Chorus 3<space> </space>Idiot wind, blowing like a circle around my skull

<space>   </space>**C**<space>   </space>**D6**<space> </space>**D7**
<space>   </space>From the Grand Coulee Dam to the Capi - tol

<space>   </space>**G**<space>   </space>**C**<space>   </space>**G**
<space>   </space>Idiot wind, blowing every time you move your teeth

<space>   </space>**C**
<space>   </space>You're an idiot, babe

<space>   </space>**D**<space>   </space>**D7**<space>   </space>**G**<space>   </space>**C/G**<space> </space>**G**<space> </space>**C/G**
<space>   </space>It's a wonder that you still know how to breathe

<space>   </space>96

Verse 7

```
Cm                        D          D/C                    G
I can't feel you anymore, I can't even touch the books you've read
Cm
Every time I crawl past your door,
       D            D/C        G       D/F#
I been wishin' I was   somebody else instead
Em                   Bm              Am            G
Down the highway, down the tracks, down the road to ecstasy
  Em              Bm            Am          G
I followed you be - neath the stars, hounded by your memory
       Bm      C6
And all your ragin' glory
```

Verse 8

```
Cm                                  D
I been double-crossed now for the very last time
       D/C        G
And now I'm finally free
  Cm                               D
I kissed goodbye the howling beast on the borderline
       D/C              G      D/F#
Which separated you from me
Em                   Bm              Am            G
You'll never know the hurt I suffered nor the pain I rise above
        Em                 Bm
And I'll never know the same about you,
Am               G
Your holiness or your kind of love
       Bm                 C6
And it makes me feel so sorry
```

Chorus 4

```
G          C                              G
Idiot wind, blowing through the buttons of our coats
C                            D6      D7
Blowing through the letters that we wrote
G          C                          G
Idiot wind, blowing through the dust upon our shelves
              C
We're idiots, babe
       D              D7          G        C/G  G  C/G
It's a wonder we can even feed our - selves
```

Outro

```
‖: Cm   | D      | G      :‖

‖: Em   | Bm     | Am     | G      :‖

| Bm C6 | C6 Cm  | Cm     ‖
```

97

If Not For You

Words & Music by Bob Dylan

Chord diagrams: E, B, A, E/D♯, F♯m(add11), E7, F♯, B*, A*, G♯m, F♯m, Esus4

Intro
| E   B   A   B | E   B   A   B | E   B   A |

| E/D♯ | F♯m(add11) | E/D♯ | F♯m(add11) | E B A   B | E   B ‖

Verse 1

A   E B
If not for you

A   E   B
Babe, I couldn't find the door

A   E
Couldn't even see the floor

A   E/D♯ F♯m(add11)
I'd be sad and blue, if not for you

Link 1
| E   B | A   B | E   B ‖

Verse 2

A   E B
If not for you

A   E   B
Babe, I'd lay awake all night

A   E
Wait for the mornin' light

A   E/D♯
To shine in through

F♯m(add11)   E/D♯ F♯m(add11)
But it would not be new, if not for you

Link 2
| E   B | A   B | E   B | A   ‖

Bridge 1

A
   If not for you

E
   My sky would fall

B   E   E7
   Rain would gather too

A   E
   Without your love I'd be nowhere at all

F♯   B*   A*   G♯m   F♯m
I'd be lost if not for you, and you know it's true

Link 3

| B*   A* | G♯m   F♯m | B*   A* | G♯m   F♯m |

| B*   A* | G♯m   F♯m | E   Esus4 | E   ‖

Bridge 2

A
   If not for you

E
   My sky would fall

B   E   E7
   Rain would gather too

A   E
   Without your love I'd be nowhere at all

F♯   B*   A*   G♯m   F♯m
Oh! What would I do,   if not for you

Link 4

| B*   A* | G♯m   F♯m | B*   A* | G♯m   F♯m |

| B*   A* | G♯m   F♯m | E   Esus4 | E   ‖

Verse 3

           E   B
If not for you,

A   E   B
   Winter would have no spring

A   E
   Couldn't hear the robin sing

A   E/D♯
   I just wouldn't have a clue

F♯m(add11)   E/D♯   F♯m(add11)   E B
   Anyway it wouldn't ring true,   if not for you

Coda

‖:   A   E B   :‖   *Repeat to fade*
     If not for you

If You See Her, Say Hello

Words & Music by Bob Dylan

G   F   C   B♭   Am   C/G

Capo second fret

Intro | G | F | G | F   G |

      | C | C | G | F |

      | G | F | G | F |

      | C | C   ‖

Verse 1

  C   F   C   G   C
    If you see her, say hello,   she might be in Tangier

                       F   C   B♭ G
She left here last early Spring, is livin' there, I hear___

Am   F   C   F
    Say for me that I'm all right though things get kind of slow

         Am   C/G   F   C
She might think that I've for - gotten her, don't tell her it isn't so

Verse 2

  C   F   C   G   C
We had a falling - out, like lovers often will

                      F   C   B♭ G
And to think of how she left that night, it still brings me a chill___

Am   F   F
And though our sepa - ration, it pierced me to the heart

Am   C/G   F   C
    She still lives in - side of me, we've never been a - part

Verse 3

  C   F   C G   C
  If you get close to her,   kiss her once for me

                   F   C   B♭ G
I always have re - spected her for busting out and gettin' free___

  Am   F   C   F
Oh, whatever makes her happy,   I won't stand in the way

          Am   C/G
Though the bitter taste still lingers on

        F   C
From the night I tried to make her stay

Verse 4

  C   F   C G   C
  I see a lot of people   as I make the rounds

                        F   C   B♭   G
And I hear her name here and there as I go from town to town___

         Am   G   C   F
And I've never gotten used to it, I've just learned to turn it off

Am   C/G   F   C
Either I'm too sensitive or else I'm gettin' soft

Verse 5

  C   F   C   G   C
  Sundown, yellow moon, I replay the past

                  F   C   B♭   G
I know every scene by heart, they all went by so fast___

Am   F   C
If she's passin' back this way, I'm not that hard to find

Am   C/G   F   C
Tell her she can look me up if she's got the time

Outro

‖: C | G | F | G |

  | F | G | F | C   :‖

I'll Be Your Baby Tonight

Words & Music by Bob Dylan

F   G   Bb   C

Intro | F | F | G | G |

             | Bb | C | F | F ||

                  F

Verse 1   Close your eyes,

             Close the door

             You don't have

           G
             To worry any more
           Bb   C   F   C
              I'll be your___ baby tonight

                  F

Verse 2   Shut the light,

             Shut the shade
                G
             You don't have

             To be afraid
           Bb   C   F
              I'll be your___ baby tonight

                  Bb

Bridge   Well, that mockingbird's gonna sail away
           F
             We're gonna forget it

cont.
              G
That big, fat moon is gonna shine like a spoon

             C   **N.C.**
But   we're gonna let it

You won't regret it

Verse 3
              F
Kick your shoes off,

Do not fear

             G
Bring that bottle

Over here

B♭   **C**   **F**
  I'll be your___ baby tonight

Outro
| **F** | **F** | **G** | **G** | |

| **B♭** | **C** | **F** | **F** | ‖ *To fade* |

I'll Keep It With Mine

Words & Music by Bob Dylan

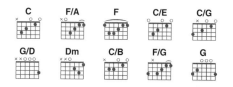

C	F/A	F	C/E	C/G
G/D	Dm	C/B	F/G	G

Intro | C | C | F/A | C F | C | C ‖

Verse 1

(C)   C/E   F   C/G F/A C/G
You will search, babe

F C/E G/D F/A
At a - ny   cost

      C/E   F C/G F/A
But how long, babe

C/G   F   C/E G/D C F/A
Can you search for what's not lost?

C/E F   C/G F/A C/G F C/E
Ev - ery - body will help you

       F   C/G F/A
Some people are ve - ry kind

      C F C/E Dm   C   F/A C/G G/D   F/A
But if I   can save you a - ny time

C   C/B F/A   C/G F
Come on,   give it to   me

C/E Dm   F/G (C)
I'll keep it with mine

Link | C C/E F/A C/G | F C/E G/D C | C/E F/A C/G |

| G | G ‖

Verse 2

  (G)   C/E F C/G
I can't help it

    F/A C/G   F   G/D F/A
If you might think I'm   odd

     C/E F   C/G F/A C/G F   C/E
If I say I'm not lov - ing you for what you are

        G/D   F/A
But for what you're not

C/E F C/G F/A C/G F   C/E
Eve - ry - body will help you

         F   C/G F/A
Discover what you set out to find

       C C/E F   C/G   F   C/G F/A C/G
But if I can save you any time

C   C/B F/A   C/G F
Come on,   give it to   me

C/E Dm   F/G C   F/A
I'll   keep it with mine

Harmonica break

|C/G F/A C/G |C |C |C   ‖

Verse 3

  (C)   F C
The train leaves

    F   C/E G/D F/A C/G F C/E Dm C
At half past ten

F/A   C/G   F/A C/G
  But it'll be back   tomorrow

F/A C/G F C/E   F/A
Same   time a - gain

         C/E F C/G F/A C/G F   C/E
The con - ductor   he's weary

      F C/G F   F/A
He's still stuck on the line

     C/G F/A C/G   F/A C/G G/D F/A
But if I   can save you any time

C   F/A   C/G F
Come on, give it to   me

C/E Dm   F/G C   C/E F   C
I'll   keep it with mine

Is Your Love In Vain?

Words & Music by Bob Dylan

C   G/B   Am   C/G   F   G

Capo second fret

Intro

C	G/B	Am	C/G	F	G	C	C
C	G/B	Am	C/G	F	F	G	G
Am	G	F	C	F	F	G	G
C	G/B	Am	C/G	F	G	C	C

Verse 1

    C G/B Am C/G   F   G
Do you love me,   or are you   just extending goodwill?
            C   G/B Am   C/G   F   G
Do you need me half as bad as you say, or are you just feeling guilt?
          Am   G   F   C
I've been burned before and I know the score
         F   G
So you won't hear me complain
  C   G/B   Am   C/G
   Will I be able to count on you
  F   G   C
Or is your love in vain?

Verse 2

       C   G/B   Am   C/G   F   G C
Are you so fast that you cannot see that I must have solitude?
          G/B Am   C/G F   G
When I am in the darkness,   why do you intrude?
      Am   G   F   C
Do you know my world, do you know my kind
F   G
Or must I explain?
 C   G/B Am   G
  Will you let me be myself
    F   G   C
Or is your love in vain?

                 F   **G**   **C**   **G/B** **Am**
Well I've been to the mountain and I've been in the wind

        F   **G**   **C**
I've been in and out of happiness

       F   **G**   **C G/B Am**
I have dined with kings, I've been offered wings

         F   **G**
And I've never been too impressed

Verse 3

C **G/B**   **Am** **C/G**   **F**   **G**   **C**
All right, I'll take a chance, I will fall in love with you

      G/B   **Am**   **C/G**   **F**   **G**
If I'm a fool, you can have the night, you can have the morning too

        Am   **G**   **F**   **C**
Can you cook and sew, make flowers grow

       F   **G**
Do you understand my pain?

C   **G/B**   **Am**   **C/G**
Are you willing to risk it all

   F   **G**   **C**
Or is your love in vain?

Instrumental | **C** | **G/B** | **Am** | **C/G** | **F** | **G** | **C** | **C** |

                       | **C** | **G/B** | **Am** | **C/G** | **F** | **F** | **G** | **G** ||

Outro

        Am   **G**   **F**   **C**
Can you cook and sew, make flowers grow

       F   **G**
Do you understand my pain?

C   **G/B**   **Am**   **C/G**
Are you willing to risk it all

   F   **G**   **C**
Or is your love in vain?

   | **C** | **G/B** | **Am** | **C/G** | **F** | **G** | **C** | **C** ||

Isis

Words by Bob Dylan & Jacques Levy
Music by Bob Dylan

A   G   D

Capo first fret

Intro | A | A | A | A ||

Verse 1
  A   G   D   A
I married Isis on the fifth day of May
        G   D   A
But I could not hold on to her very long
         G   D   A
So I cut off my hair and I rode straight away
           G   D   A
For the wild unknown country where I could not go wrong

Verse 2
   A   G   D   A
I came to a high place of darkness and light
         G   D   A
The dividing line ran through the center of town
        G   D   A
I hitched up my pony to a post on the right
       G   D   A
Went into a laundry to wash my clothes down

Verse 3
   A   G   D   A
A man in the corner approached me for a match
          G   D   A
I knew right away he was not ordinary
             G   D   A
He said, "Are you lookin' for somethin' easy to catch?"
             G   D   A
I said, "I got no money." He said, "That ain't necessary"

Link 1 ‖: A G | D A :‖

Verse 4
   A   G   C   A
We set out that night for the cold in the North
       G   D   A
I gave him my blanket, he gave me his word

                          G   **D**   **A**
I said, "Where are we goin'?" He said we'd be back by the fourth
              G   **D** **A**
I said, "That's the best news that I've ever heard"

Link 2   **‖:** A G | D A **:‖**

Verse 5
      A   **G**   **D**   **A**
I was thinkin' about turquoise, I was thinkin' about gold
              G   **D**   **A**
I was thinkin' about diamonds and the world's biggest necklace
              G   **D**   **A**
As we rode throught the canyons, through the devilish cold
              G   **D**   **A**
I was thinkin' about Isis, how she thought I was so reckless

Verse 6
      A   **G**   **D**   **A**
How she told me that one day we would meet up again
              G   **D**   **A**
And things would be different the next time we wed
              G   **D**   **A**
If I only could hang on and just be her friend
              G   **D**   **A**
I still can't remember all the best things she said

Link 3   **‖:** A G | D A **:‖**

Verse 7
     A   **G**   **D**   **A**
We came to the pyramids all embedded in ice
             G   **D**   **A**
He said, "There's a body I'm tryin' to find
           G   **D**   **A**
If I carry it out it'll bring a good price"
            G   **D**   **A**
'Twas then that I knew what he had on his mind

Verse 8
     A   **G**   **D**   **A**
The wind it was howlin' and the snow was outrageous
              G   **D**   **A**
We chopped through the night and we chopped through the dawn
              G   **D**   **A**
When he died I was hopin' that it wasn't contagious
             G   **D**   **A**
But I made up my mind that I had to go on

| *Link 4* | | A　G | D　A | A | | A | | |

Verse 9

    A   G   D   A
I broke into the tomb, but the casket was empty
                     G   D   A
There was no jewels, no nothin', I felt I'd been had
                   G   D   A
When I saw that my partner was just bein' friendly
                 G   D   A
When I took up his offer I must-a been mad

Link 5   ‖: A　G | D　A :‖ *Play 4 times*

                | A | A ‖

Verse 10

    A   G   D   A
I picked up his body and I dragged him inside
                   G   D   A
Threw him down in the hole and I put back the cover
               G   D   A
I said a quick prayer and I felt satisfied
               G   D   A
Then I rode back to find Isis just to tell her I love her

Link 6 | A　G | D　A |

Verse 11

          A   G   D   A
She was there in the meadow where the creek used to rise
              G   D   A
Blinded by sleep and in need of a bed
               G   D   A
I came in from the East with the sun in my eyes
              G   D   A
I cursed her one time then I rode on ahead

Link 7   ‖: A　G | D　A :‖ *Play 4 times*

Verse 12

>   **A**   **G**   **D**   **A**
> She said, "Where ya been?" I said, "No place special"
>   **G**   **D**   **A**
> She said, "You look different." I said, "Well, not quite"
>   **G**   **D**
> She said, "You been gone." I said, "That's only natural"
>   **G**   **D A**
> She said, "You gonna stay?" I said, "Yeah, I jes might"

Link 8   ‖: **A** **G** | **D** **A** :‖ *Play 4 times*

Verse 13

> **A** **G**   **D**   **A**
> Isis, oh, Isis, you mystical child
>   **G**   **D**   **A**
> What drives me to you is what drives me insane
>   **G**   **D**   **A**
> I still can remember the way that you smiled
>   **G**   **D**   **A**
> On the fifth day of May in the drizzlin' rain

Outro   ‖: **A** **G** | **D** **A** :‖ *Play 4 times*

It Ain't Me, Babe

Words & Music by Bob Dylan

| G | C | Dadd4 | Bm | Am | D |

Intro | G | C | G | G   ‖

Verse 1
     Dadd4   **C**
Go 'way from my window
     Dadd4   **G C G**
Leave at your own chosen speed
     Dadd4   **C**
I'm not the one you want, babe
     Dadd4   **G C G**
I'm not the one you need
     Bm   **Am**
You say you're lookin' for someone
     Bm   **Am**
Never weak but always strong
     Bm   **Am**
To pro - tect you an' de - fend you
     Bm   **Am**
Whether you are right or wrong
     C   **D**
Some - one to open each and every door

Chorus 1
     G
But it ain't me, babe
C   **D**   **G**
No, no, no, it ain't me, babe
     C   **D**   **G**
It ain't me you're lookin' for, babe

Link 1 | **Dadd4** | C   D | G   C | G   ‖

112

        Dadd4   **C**
Go lightly from the ledge, babe

        Dadd4   **G**   **C** **G**
Go lightly on the ground

        Dadd4   **C**
I'm not the one you want, babe

          Dadd4   **G**   **C** **G**
I will only let you down

     Bm   **Am**
You say you're lookin' for someone

         Bm   **Am**
Who will promise never to part

       Bm   **Am**
Some - one to close his eyes for you

       Bm   **Am**
Some - one to close his heart

       C   **D**
Some - one who will die for you an' more

Chorus 2   As Chorus 1

Link 2 | **Dadd4** | **C** | **Dadd4** | **G** **C** | **G** ‖

         Dadd4   **C**
Verse 3   Go melt back into the night, babe

Dadd4   **G**   **C** **G**
Everything inside is made of stone

        Dadd4   **C**
There's nothing in here moving

Dadd4   **G**   **C** **G**
An' anyway I'm not alone

     Bm   **Am**
You say you're lookin' for someone

          Bm   **Am**
Who'll pick you up each time you fall

     Bm   **Am**
To gather flowers constantly

       Bm   **Am**
An' to come each time you call

       C   **D**
A lover for your life an' nothing more

Chorus 3   As Chorus 1

Outro | **Dadd4** | **C** | **Dadd4** | **G** **C** | **G** ‖

It's All Over Now, Baby Blue

Words & Music by Bob Dylan

C   G7/D   F/C   Dm   Csus4   E   F   Fadd9

Capo fourth fret

⑥ = C   ③ = G
⑤ = A   ② = B
④ = D   ① = E

Intro | C | C | C | C ‖

Verse 1

G7/D   F/C   C
You must leave now, take what you need, you think will last
     G7/D   F/C C
But whatever you wish to keep, you better grab it fast
Dm   F/C   C   Csus4 C
Yonder stands your orphan with his gun
Dm   F/C   C   Csus4 C
Crying like a fire in the sun
E   F   G7/D
Look out the saints are comin' through
    Dm   Fadd9   C
And it's all over now, Baby Blue

Verse 2

    G7/D   F/C   C
The highway is for gamblers, better use your sense
G7/D   F/C   C
Take what you have gathered from coincidence
    Dm   F/C   C   Csus4 C
The empty-handed painter from your streets
    Dm   F/C   C   Csus4 C
Is drawing crazy patterns on your sheets
E   F   G7/D
This sky, too, is folding under you
    Dm   Fadd9   C
And it's all over now, Baby Blue

Verse 3

G7/D   F/C C
All your seasick sailors, they are rowing home

  G7/D   F/C C
All your reindeer armies, are all going home

   Dm   F/C   C Csus4 C
The lover who just walked out your door

    Dm   F/C   C Csus4 C
Has taken all his blankets from the floor

   E   F   G7/D
The carpet, too, is moving under you

   Dm   Fadd9   C
And it's all over now, Baby Blue

Link

| G7/D F/C | C | G7/D F/C | C |

| Dm F/C | C Csus4 C | Dm F/C | C |

| E   F | G7/D | Dm Fadd9 | C   ‖

Verse 4

     G7/D   F/C   C
Leave your stepping stones behind, something calls for you

   G7/D   F/C C
Forget the dead you've left, they will not follow you

   Dm   F/C   C Csus4 C
The vagabond who's rapping at your door

   Dm   F/C   C   Csus4 C
Is standing in the clothes that you once wore

E   F   G7/D
Strike another match, go start anew

   Dm   Fadd9   C   Csus4 C
And it's all over now, Baby Blue

Coda

| G7/D | C   ‖

115

It's Alright, Ma
(I'm Only Bleeding)

Words & Music by Bob Dylan

D   Dm7   G/D   G/B   Csus2   Gm/B♭   A/E

Capo second fret

⑥ = D ③ = G
⑤ = A ② = B
④ = D ① = E

Intro		D		Dm7 G/D Dm7	D		Dm7 G/D Dm7
		D		Dm7 G/D Dm7	D		D

Verse 1

   G/B
Darkness at the break of noon
   D
Shadows even the silver spoon
     Csus2
The handmade blade, the child's balloon
    G/B
E - clipses both the sun and moon
    Gm/B♭
To understand you know too soon
         (D)
There is no sense in trying

Link 1		D		Dm7 G/D Dm7	D		Dm7 G/D Dm7
		D		Dm7 G/D Dm7	D		D

Verse 2

   G/B
Pointed threats, they bluff with scorn
   D
Suicide remarks are torn
     Csus2
From the fool's gold mouthpiece the hollow horn
    G/B
Plays wasted words, proves to warn
    Gm/B♭   **(D)**
That he not busy being born is busy dying

Link 2   As Link 1

Verse 3

G/B
Temp - tation's page flies out the door

D
You follow, find yourself at war

Csus2
Watch waterfalls of pity roar

G/B
You feel to moan but unlike before

Gm/B♭
You dis - cover that you'd just be one more

(D)
Person crying

Link 3 | D | Dm7 G/D Dm7 | D | Dm7 G/D Dm7 | D | D   ‖

Chorus 1

D   **A/E**
So don't fear if you hear

D   **G/B**
  A foreign sound to your ear

D A/E G/B A/E   **D**
It's al - right, Ma, I'm only sighing

Link 4   As Link 1

Verse 4

G/B
As some warn victory, some downfall

D
Private reasons great or small

Csus2
Can be seen in the eyes of those that call

G/B
To make all that should be killed to crawl

Gm/B♭
While others say don't hate nothing at all

(D)
Except hatred

Link 5   As Link 1

                 G/B
Verse 5   Disil - lusioned words like bullets bark
             D
             As human gods aim for their mark
                Csus2
             Make everything from toy guns that spark
             G/B
             To flesh-colored Christs that glow in the dark
           Gm/B♭
              It's easy to see without looking too far
                     (D)
             That not much is really sacred

Link 6   As Link 3

                 G/B
Verse 6   While preachers preach of evil fates
             D
             Teachers teach that knowledge waits
                Csus2
             Can lead to hundred-dollar plates
             G/B
             Goodness hides behind its gates
               Gm/B♭
             But even the president of the United States
                     (D)
             Sometimes must have to stand naked

Link 7   As Link 1

             D   **A/E**
Chorus 2 An' though the rules of the road have been lodged
                D   **G/B**
             It's only people's games that you got to dodge
             D **A/E** **G/B** **A/E**   **D**
             And it's al - right, Ma, I can make it

Link 8   As Link 3

                G/B
Verse 7   Advertising signs they con
                D
                You into thinking you're the one
                        Csus2
                That can do what's never been done
                        G/B
                That can win what's never been won
                Gm/B♭
                Meantime life outside goes on
                        (D)
                All a - round you

Link 9   As Link 3

                        G/B
Verse 8   You lose yourself, you reappear
                        D
                You suddenly find you got nothing to fear
                        Csus2
                A - lone you stand with nobody near
                        G/B
                When a trembling distant voice, unclear
                Gm/B♭
                Startles your sleeping ears to hear
                                (D)
                That somebody thinks they really found you

Link 10   As Link 1

                        G/B
Verse 9   A question in your nerves is lit
                        D
                Yet you know there is no answer fit
                        Csus2
                To satisfy, insure you not to quit
                        G/B
                To keep it in your mind and not forget
                        Gm/B♭
                That it is not he or she or them or it
                        (D)
                That you be - long to

Link 11   As Link 1

D   **A/E**
Chorus 3   Although the masters make the rules
                    D   **G/B**
                For the wise men and the fools
                D A/E G/B   A/E   D
                I got   nothing, Ma, to live up to

Link 12   As Link 1

                           G/B
Verse 10   For them that must obey authority
                           D
                That they do not respect in any degree
                           Csus2
                Who des - pise their jobs, their destinies
                G/B
                Speak jealously of them that are free
                Gm/B♭
                   Cultivate their flowers to be
                                                   (D)
                Nothing more than something they in - vest in

Link 13   As Link 1

                           G/B
Verse 11   While some on principles baptized
                D
                To strict party platform ties
                Csus2
                Social clubs in drag disguise
                G/B
                Outsiders they can freely criticize
                        Gm/B♭
                Tell nothing except who to idolize
                           (D)
                And then say God bless him

Link 14   As Link 1

                            G/B
Verse 12   While one who sings with his tongue on fire
                      D
                      Gargles in the rat race choir
                      Csus2
                      Bent out of shape from society's pliers
                      G/B
                        Cares not to come up any higher
                        Gm/B♭
                      But rather get you down in the hole
                        (D)
                      That he's in

Link 15   As Link 1

                      D   **A/E**
Chorus 4   But I mean no harm nor put fault
                      D   **G/B**
                      On anyone that lives in a vault
                      D A/E G/B A/E   **D**
                      But it's al - right, Ma, if I can't please him

Link 16   As Link 3

                      G/B
Verse 13   Old lady judges watch people in pairs
                      D
                      Limited in sex, they dare
                        Csus2
                      To push fake morals, insult and stare
                      G/B
                      While money doesn't talk, it swears
                      Gm/B♭
                      Ob - scenity, who really cares
                          (D)
                      Propaganda, all is phony

Link 17   As Link 1

                        G/B
Verse 14   While them that defend what they cannot see
                        D
              With a killer's pride, security
                    Csus2
              It blows the minds most bitterly
                    G/B
              For them that think death's honesty
                      Gm/B♭
              Won't fall upon them naturally
                                (D)
              Life sometimes must get lonely

Link 18   As Link 3

                        D
Verse 15   My eyes collide head-on with stuffed
                G/B
              Graveyards, false gods, I scuff
                    D
              At pettiness which plays so rough
                        Csus2
              Walk up - side-down inside handcuffs
              G/B
              Kick my legs to crash it off
                      Gm/B♭   **(D)**
              Say o - kay, I have had enough, what else can you show me?

Link 19   As Link 3

              D   **A/E**
Chorus 5   And if my thought-dreams could be seen
                        D   **G/B**
              They'd probably put my head in a guillotine
                D   A/E G/B   A/E   **D**
              But it's al - right, Ma, it's life, and life only

122

John Wesley Harding

Words & Music by Bob Dylan

F   B♭   C   Gm   C7

Intro | F | F ||

Verse 1

F   B♭   C   F
John Wesley Harding was a friend to the poor
                          Gm   B♭   C
He trav'led with a gun in ev'ry hand
F   B♭   C   F
All along this countryside, he opened many a door
                 B♭   C7   F
But he was never known to hurt an honest man

Link 1 | F | F | B♭   C | F |

                | F | F | Gm | B♭   C |

                | F | F | B♭   C | F |

                | F | B♭   C | F | F ||

Verse 2

F   B♭   C   F
'Twas down in Chaynee County, a time they talk about
                           Gm   B♭   C
With his lady by his side he took a stand
                  F   B♭   C   F
And soon the situation there was all but straightened out
                 B♭   C7   F
For he was always know to lend a helping hand

Link 2   As Link 1

Verse 3

F   B♭   C   F
All across the telegraph his name it did resound
                          Gm   B♭   C
But no charge held against him could they prove
              F   B♭   C   F
And there was no man around who could track or chain him down
                 B♭   C7   F
He was never known to make a foolish move

Outro   As Link 1

Jokerman

Words & Music by Bob Dylan

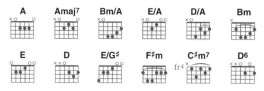

Capo first fret

Verse 1

    A   Amaj7
Standing on the waters casting your bread

            Bm/A
While the eyes of the idol

             E/A   A   D/A
With the   iron head are glowing

    A   Amaj7
    Distant ships sailing into the mist

           Bm/A   E/A
You were born with a snake in both of your fists

                  A
While a hurricane was blowing

Bm   E   A
Freedom just around the corner for you

            Bm   E   A   D
But with truth so far off,   what good will it do?

Chorus 1

    E   D
Jokerman dance to the nightingale tune

    A   E/G♯   F♯m   D
Bird fly high by the light of the moon

C♯m7 D6 E A
Oh,   oh, oh, Jokerman

Verse 2

A   Amaj⁷
So swiftly the sun sets in the sky

Bm/A   E/A   A D/A
You rise up and say goodbye to no one

A   Amaj⁷
Fools rush in where angels fear to tread

Bm/A   E/A   A
Both of their futures, so full of dread, you don't show one

Bm   E   A
Shedding off one more layer of skin

   Bm   E   A D
Keeping one step ahead of the persecutor within

Chorus 2

E   D
Jokerman dance to the nightingale tune

A E/G♯ F♯m   D
Bird fly high by the light of the moon

C♯m⁷ D⁶ E A
Oh, oh, oh, Jokerman

Verse 3

       A   Amaj⁷
You're a man of the mountains, you can walk on the clouds

     Bm/A   E/A   A D/A
Manipulator of crowds, you're a dream twister

       A
You're going to Sodom and Gomorrah

  Amaj⁷
But what do you care?

    Bm/A   E/A   A
Ain't nobody there would want to marry your sister

Bm   E   A
Friend to the martyr, a friend to the woman of shame

    Bm
You look into the fiery furnace,

E   A D
See the rich man without any name

Chorus 3

E   D
Jokerman dance to the nightingale tune

A E/G♯ F♯m   D
Bird fly high by the light of the moon

C♯m⁷ D⁶ E A
Oh, oh, oh, Jokerman

Link 1 | A | Amaj⁷ | Bm/A | E/A | A | D/A ‖

Verse 4

        A   Amaj7
Well, the Book of Leviticus and Deuteronomy
     Bm/A   E/A   A   D/A
The law of the jungle and the sea are your only teachers
      A   Amaj7
In the smoke of the twilight on a milk-white steed
 Bm/A   E/A   A
Michelangelo indeed could've carved out your features
 Bm   E   A
Resting in the fields, far from the turbulent space
       Bm   E   A   D
Half asleep near the stars with a small dog licking your face

Chorus 4

E   D
Jokerman dance to the nightingale tune
A   E/G♯   F♯m   D
Bird fly high by the light of the moon
C♯m7 D6 E A
Oh,   oh, oh, Jokermann

Link 2 | A | Amaj7 | Bm/A | E/A | A | D/A   ‖

Verse 5

        A   Amaj7
Well, the rifleman's stalking the sick and the lame
       Bm/A   E/A   A   D/
Preacherman seeks the same, who'll get there first is uncertain
A   Amaj7
Nightsticks and water cannons, tear gas, padlocks
   Bm/A   E/A   A
Molotov cocktails and rocks behind every curtain
Bm   E   A
False-hearted judges dying in the webs that they spin
      Bm   E   A   D
Only a matter of time 'til night comes steppin' in

Chorus 5

E   D
Jokerman dance to the nightingale tune
A   E/G♯   F♯m   D
Bird fly high by the light of the moon
C♯m7 D6 E A
Oh,   oh, oh, Jokerman

Link 3 | A | Amaj7 | Bm/A | E/A | A | D/A   ‖

Verse 6

      A   Amaj⁷
It's a shadowy world, skies are slippery gray

    Bm/A   E/A
A woman just gave birth to a prince today

              A   D/A
And dressed him in scarlet

             A   Amaj⁷
He'll put the priest in his pocket, put the blade to the heat

      Bm/A   E/A
Take the motherless children off the street

               A
And place them at the feet of a harlot

Bm   E   A
Oh, Jokerman, you know what he wants

Bm   E   A   D
Oh, Jokerman, you don't show any response

Chorus 6

E   D
Jokerman dance to the nightingale tune

A   E/G♯   F♯m   D
Bird fly high by the light of the moon

C♯m⁷ D⁶ E   A
Oh,   oh, oh, Jokerman

Coda

‖: A | Amaj⁷ | Bm/A | E/A | A | D/A   :‖

| Bm | E | A | A |

| Bm | E | A | D |

| E | D | A E/G♯ | F♯m ‖

                                   Fade out

Just Like A Woman

Words & Music by Bob Dylan

Intro

| E   A   B7 | E | | E   A   B7 | E | |

Verse 1

     E   A   B7 E   Esus4 E
Nobody feels any pain

           A   B7   E   Esus4 E
Tonight as I stand inside the rain

   A   B7
Ev'rybody knows

   A   B7
That Baby's got new clothes

    A G#m F#m E   B7
But late - ly   I   see her ribbons and her bows

      C#m E   A B7
Have fallen from her curls

Chorus 1

     E   G#m F#m E A
She takes just like a woman, yes, she does

     E   G#m F#m E A
She makes love just like a woman, yes, she does

        E   G#m F#m E A
And she aches just like a woman

     B7   E
But she breaks just like a little girl

Link 1

| A* E* A* B | E* | ‖

Verse 2

     E **A** **B7 E**   **Esus4** **E**
Queen Mary, she's my friend

         A   **B7 E**   **Esus4** **E**
Yes, I believe I'll go see her again

  A   **B7**
Nobody has to guess

   A   **B7**
That Baby can't be blessed

   A **G♯m** **F♯m** **E** **B7**
Till she sees finally that she's like all the rest

     C♯m7   **E** **A**   **B7**
With her fog, her amphetamine and her pearls

Chorus 2 As Chorus 1

Link 2   ‖ **A* E* A* B** | **E***   ‖

Bridge

     G♯7
It was raining from the first

And I was dying there of thirst

    E
So I came in here

     G♯7
And your long-time curse hurts

But what's worse

    A
Is this pain in here

B7
  I can't stay in here

Ain't it clear that –

Verse 3

```
E   A   B7  E      Esus4   E
I    just can't fit
                   A      B7  E     Esus4    E
Yes, I believe it's time for us to quit
A                 B7
When we meet again
A                 B7
Introduced as friends
A      G#m  F#m  E   B7
Please don't let  on that you knew me when
       C#m              G#m  A  B7
I was hungry and it was your      world
```

Chorus 3

```
       E    G#m  F#m  E   A
Ah, you fake just  like  a  woman, yes, you do
       E          G#m  F#m  E   A
You make love just  like   a   woman, yes, you do
       E     G#m  F#m  E   A
Then you ache just  like   a   woman
```

But you break just like a little girl

Link 3

```
| A*  E*  A*  B | E*          ‖
```

Coda

```
| E      A   B7 | E Esus4 E | E     A   B7 | E Esus4 E |

| A      B7 | A      B7 | A G#m  F#m  E | B7          |

| C#m   E   A | B7          | E G#m  F#m  E | A          |

| E G#m  F#m  E | A          | E G#m  F#m  E | A          |

| B7          | A*  E*  A*  B | E*          ‖
```

ust Like Tom Thumb's Blues

Words & Music by Bob Dylan

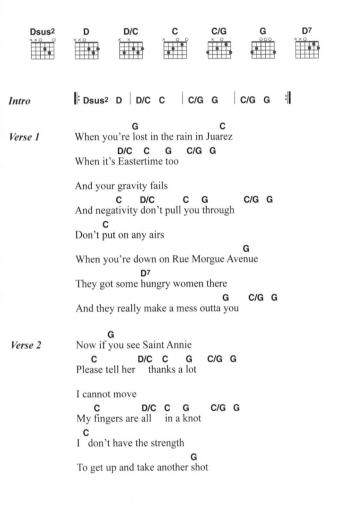

Dsus2   **D**   **D/C**   **C**   **C/G**   **G**   **D7**

Intro   ‖: Dsus2 D | D/C C | C/G G | C/G G :‖

Verse 1
                 G   **C**
When you're lost in the rain in Juarez
              D/C **C**   **G** **C/G G**
When it's Eastertime too

And your gravity fails
              C **D/C**   **C** **G**   **C/G G**
And negativity don't pull you through
         C
Don't put on any airs
                      G
When you're down on Rue Morgue Avenue
             D7
They got some hungry women there
                   G   **C/G G**
And they really make a mess outta you

Verse 2
         G
Now if you see Saint Annie
      C   **D/C** **C**   **G** **C/G G**
Please tell her   thanks a lot

I cannot move
      C   **D/C** **C**   **G** **C/G G**
My fingers are all   in a knot
    C
I don't have the strength
                 G
To get up and take another shot

cont.

D7
And my best friend, my doctor

           G   C/G G
Won't even say what it is I've got

Verse 3

G
  Sweet Melinda

  C   G   C/G G
The peasants call her the goddess of gloom

She speaks good English

              C   D/C C G   C/G G
And she invites you up into   her room

       C
And you're so kind

                       G   C/G G
And careful not to go to her too soon

D7
And she takes your voice

                    G   C/G G
And leaves you howling at the moon

Verse 4

        G
Up on Housing Project Hill

C   G
  It's either fortune or fame

You must pick up one or the other

           C   D/C C   G   C/G G
Though neither of them are to be what they claim

        C
If you're lookin' to get silly

                    G   C/G G
You better go back to from where you came

          D7
Because the cops don't need you

               G   C/G G
And man they expect the same

Verse 5

      G
Now all the authorities

C   D/C C G   C/G G
They just stand around and boast

                               C
How they blackmailed the sergeant-at-arms

     D/C   C G   C/G G
Into leaving his post

132

cont.

   C
And picking up Angel who

               G   **C/G** **G**
Just arrived here from the coast

   D7
Who looked so fine at first

              G   **C/G** **G**
But left looking just like a ghost

Solo

‖: **G** | **C** **D/C** **C** | **G** **C/G** | **G**   :‖

| **C** | **C** | **G** **C/G** | **C** |

| **D7** | **D7** | **G** **C/G** | **G**   ‖

Verse 6

   G
I started out on burgundy

     C   **D/C** **C** **G**   **C/G** **G**
But soon hit the hard - er stuff

                    C
Everybody said they'd stand behind me

      D/C **C** **G**   **C/G** **G**
When the game got rough

     C
But the joke was on me

                   G   **C/G** **G**
There was nobody even there to call my bluff

   D7
I'm going back to New York City

             G   **C/G** **G**
I do believe I've had enough

Coda

‖: **Dsus2** **D** | **D/C** **C** | **G**   **C/G** | **G**   :‖ *Repeat to fade*

133

Knockin' On Heaven's Door

Words & Music by Bob Dylan

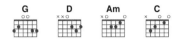

| G | D | Am | C |

Intro   ‖: G D │ Am   │ G D │ C   :‖

Verse 1

G   D   Am
  Mama, take this badge off of me

G   D   C
  I can't use it anymore

G   D   Am
  It's gettin' dark, too dark for me to see

G   D   C
  I feel like I'm knockin' on heaven's door

Chorus 1

G   D   Am
  Knock, knock, knockin' on heaven's door

G   D   C
  Knock, knock, knockin' on heaven's door

G   D   Am
  Knock, knock, knockin' on heaven's door

G   D   C
  Knock, knock, knockin' on heaven's door

Verse 2

```
G                D               Am
   Mama, put my guns in the ground
G        D            C
   I can't shoot them anymore
G                D               Am
   That long black cloud is comin' down
G            D                       C
   I feel like I'm knockin' on heaven's door
```

Chorus 2

```
G                D               Am
   Knock, knock, knockin' on heaven's door
G                D               C
   Knock, knock, knockin' on heaven's  door
G                D               Am
   Knock, knock, knockin' on heaven's door
G                D               C
   Knock, knock, knockin' on heaven's door
```

Coda | G D | Am | G D | C || *Fade out*

135

Lay Down Your Weary Tune

Words & Music by Bob Dylan

D   D/C   G/B   G   C   Em

Capo second fret

Chorus 1
       D D/C G/B G   C   G
Lay down your weary tune, lay down
                   Em   D
Lay down the song you strum
       D/C G/B   G   C
And rest your - self 'neath the strength of strings
                G   D D/C G/B G
No voice can hope___ to___ hum

Verse 1
       D   D/C G/B G   C   G
Struck by   the   sounds be - fore the sun
                  Em   D
I knew the night had gone
       D/C   G/B G   C
The morn - ing breeze like a bugle blew
                G   D D/C G/B G
Against the drums___ of___ dawn

Chorus 2   As Chorus 1

Verse 2
       D   D/C G/B G   C   G
The o - cean wild like an organ played
                 Em   D
The seaweed's wove its strands
       D/C   G/B G   D   G   C
The crash - in' waves like cymbals clashed
                G   D D/C G/B G
Against the rocks___ and   sands

Chorus 3   As Chorus 1

Verse 3

```
D    D/C  G/B G           C              G
     I stood un - wound be - neath the skies
                   Em        D
And clouds un - bound by laws
       D/C  G/B  G    D       G       C
The cry - in'   rain like a trumpet sang
                   G    D   D/C  G/B  G
And asked for no___ ap   -    plause
```

Chorus 4   As Chorus 1

Verse 4

```
D      D/C  G/B  G        C        G
     The last of   leaves fell from the trees
                   Em        D
And clung to a new love's breast
     D/C   G/B  G                 C
The bran - ches bare like a banjo played
                   G    D     D/C  G/B  G
To the winds that lis - tened____      best
```

Verse 5

```
D    D/C   G/B   G    C      G
     I gazed down in the river's mirror
                   Em        D
And watched its winding strum
     D/C  G/B  G                  C
The wa - ter   smooth ran like a hymn
                   G     D   D/C  G/B  G
And like a harp___ did____  hum
```

Chorus 5   As Chorus 1

Lay, Lady, Lay

Words & Music by Bob Dylan

A C#m G Bm

E F#m A* D

Intro   ‖: A C#m │ G Bm :‖

Chorus 1
A   C#m G   Bm   A   C#m G Bm
Lay, lady, lay,   lay across my big brass bed
A   C#m G   Bm   A   C#m G Bm
Lay, lady, lay,   lay across my big brass bed

Verse 1
E   F#m   A*
Whatever colors you have in your mind
E   F#m A*
I'll show them to you and you'll see them shine

Chorus 2
A   C#m G   Bm   A   C#m G Bm
Lay, lady, lay,   lay across my big brass bed
A   C#m G   Bm   A C#m G Bm
Stay, lady, stay,   stay with your man awhile
A   C#m G   Bm   A C#m G
Until the break of day,   let me see you make him smile

Verse 2
E   F#m   A*
His clothes are dirty but his hands are clean
E   F#m   A*
And you're the best thing that he's ever seen

Chorus 3
A   C#m G   Bm   A C#m G Bm
Stay, lady, stay,   stay with your man awhile

138

Bridge

```
C♯m                          E    D    A*
   Why wait any longer for the world to begin
C♯m                     Bm        A*
   You can have your cake and eat it too
C♯m                          E    D    A*
   Why wait any longer for the one you love
            C♯m              Bm
When he's standing in front of you
```

Chorus 4

```
A          C♯m G       Bm              A C♯m G Bm
   Lay, lady, lay,   lay across my big brass bed
A            C♯m G            Bm        A    C♯m G Bm
   Stay, lady, stay,   stay while the night is still ahead
```

Verse 3

```
E          F♯m        A*
   I long to see you in the morning light
E          F♯m        A*
   I long to reach for you in the night
```

Chorus 5

```
A            C♯m G            Bm        A    C♯m G Bm
   Stay, lady, stay,   stay while the night is still ahead
```

Coda

```
| A*  Bm  | C♯m  D | A*          ‖
```

139

Life Is Hard

Music by Bob Dylan
Words by Bob Dylan & Robert Hunter

Bb   A7   Dm   D7   Gm7   C7   F

Ebmaj7   Dm7   E7   Am   Am(maj7)/G#   Am7/G   Am6/F#   Am7

Intro		Bb	A7	Dm	D7	
		Gm7	C7	F	F	

Verse 1

Ebmaj7
The evening winds are still
Dm7   **E7**
I've lost the way and will
Am   **D7**
Can't tell you where they went
Gm7   **C7**
I just know what they meant
Am   **Am(maj7)/G#**
I'm always on my guard
Am7/G   **Am6/F#**
Admitting life is hard
Gm7   **C7**   **F**
With - out you near me

Verse 2

Ebmaj7
The friend you used to be
Dm7   **E7**
So near and dear to me
Am   **D7**
You slipped so far away
Gm7   **C7**
Where did we go a-stray
Am   **Am(maj7)/G#**
I pass the old schoolyard
Am7/G   **Am6/F#**
Admitting life is hard
Gm7   **C7**   **F**
With - out you near me

Bridge

B♭   A7
  Ever since the day

    Dm   D7
The day you went away

Gm7   C7   F
I felt that empti - ness so wide

B♭   A7
  I don't know what's wrong or right

  Dm   D7
I just know I need strength to fight

Gm7   C7   F   Am7
  Strength to fight that   world out - side

Verse 3

E♭maj7
  Since we've been out of touch

Dm7   E7
  I haven't felt that much

Am   D7
  From day to barren day

Gm7   C7
  My heart stays locked away

Am   Am(maj7)/G♯
  I walk the boulevard

Am7/G   Am6/F♯
  Admitting life is hard

Gm7   C7   F
  With - out you near me

Verse 4

E♭maj7
  The sun is sinking low

Dm7   E7
  I guess it's time to go

Am   D7
  I feel a chilly breeze

Gm7   C7
  In place of memories

Am   Am(maj7)/G♯
  My dreams are locked and barred

Am7/G   Am6/F♯
  Admitting life is hard

Gm7   C7   F   D7
  With - out you near me

Outro

| B♭ | A7 | Dm | D7 |

Gm7   C7   F
  With - out you near me

141

Like A Rolling Stone

Words & Music by Bob Dylan

[chord diagrams: C, Fmaj7, Dm, Em, F, G]

Intro ‖ C Fmaj7 | C Fmaj7 | C Fmaj7 | C Fmaj7 ‖

Verse 1
    C   Dm
Once upon a time you dressed so fine
       Em   F   G
You threw the bums a dime in your prime,   didn't you?
    C   Dm   Em
People'd call, say, "Beware doll, you're bound to fall"
                  F   G
You thought they were all   kiddin' you
    F   G
  You used to   laugh about
    F   G
  Everybody that was   hangin' out
    F   Em Dm   C
  Now you don't talk so loud
    F   Em Dm   C
  Now you don't seem so proud
    Dm   F   G
About having to be scrounging   for your next meal

Chorus 1
                          C   F G
How does it feel
                          C   F G
How does it feel
                            C   F G
To be without a home
                             C   F G
Like a complete unknown
                         C   F G
Like a rolling stone?

Link 1 | C F | G | G   ‖

           C   **Dm**   **Em**
You've gone to the finest school all right, Miss Lonely

      F   **G**
But you know you only used to get juiced in it

        C   **Dm**   **Em**
And nobody has ever taught you how to live on the street

                   F   **G**
And now you find out you're gonna have to get used to it

F   **G**
  You said you'd never compromise

F   **G**
  With the mystery tramp, but now you realize

F   **Em**   **Dm C**
  He's not selling any alibis

F   **Em**   **Dm C**
As you stare into the vacuum of his eyes

   Dm   **F**   **G**
And ask him do you want to make a deal?

          C   **F G**
How does it feel

          C   **F G**
How does it feel

              C   **F G**
To be on your own

              C   **F G**
With no direction home

             C   **F G**
Like a complete unknown

         C   **F G**
Like a rolling stone?

| **C** **F** | **G** | **G** ‖

     C   **Dm**
You never turned around to see the frowns

Em   **F**
  On the jugglers and the clowns

                      G
When they all come down and did tricks for you

     C   **Dm**
You never understood that it ain't no good

     Em   **F**   **G**
You shouldn't let other people get your kicks for you

cont.

    F   G
You used to ride on the chrome horse with your   diplomat

    F   G
Who carried on his shoulder a   Siamese cat

    F   Em   Dm   C
Ain't it hard   when you discover that

    F   Em   Dm   C
He really wasn't where it's at

Dm   F   G
After he took from you everything   he could steal

Chorus 3

                C   F   G
How does it feel

                C   F   G
How does it feel

                C   F   G
To be on your own

                    C   F   G
With no direction home

                    C   F   G
Like a complete unknown

                C   F   G
Like a rolling stone?

Link 3 | C   F | G | G ||

Verse 4

    C   Dm   Em
Princess on the steeple and all the   pretty people

                 F   G
They're all drinkin', thinkin' that they got it made

    C   Dm
Exchanging all   kinds of precious gifts and things

Em   F   G
But you'd better lift your diamond ring, you'd better pawn it bab|

    F   G
You used to be   so amused

    F   G
At Napoleon in rags   and the language that he used

cont.

F   Em   Dm   C
Go to him now, he calls you, you can't refuse

F   Em   Dm   C
When you got nothing, you got   nothing to lose

Dm   F   G
You're invisible now, you got no secrets   to conceal

Chorus 4

                C   F G
How does it feel

                C   F G
How does it feel

              C   F G
To be on your own

                   C   F G
With no direction home

                  C   F G
Like a complete unknown

               C   F G
Like a rolling stone?

Coda   ‖: C   F | G | C F | G   :‖   *Repeat to fade*

145

Love Minus Zero, No Limit

Words & Music by Bob Dylan

C   G/D   F/C   Dm   Dm7   G7/D

Capo fourth fret

⑥ = C   ③ = G
⑤ = A   ② = B
④ = D   ① = E

Intro | C | C   ‖

Verse 1	C My love she speaks like silence
	G/D F/C C Without ideals or violence
	G/D F/C C She doesn't have to say she's faithful
	Dm Dm7 G7/D Yet she's true, like ice, like fire
	C People carry roses
	G/D F/C C Make promises by the hours
	G/D F/C C My love she laughs like the flowers
	Dm F/C C Valen - tines can't buy her

Verse 2	C In the dime stores and bus stations
	G/D F/C C People talk of situ - ations
	G/D F/C C Read books, repeat quo - tations
	Dm Dm7 G7/D Draw con - clusions on the wall
	C Some speak of the future
	G/D F/C C My love she speaks softly

cont.

   G/D   F/C   C
     She knows there's no success like failure

              Dm   F/C   C
And that failure's no suc - cess at all

Verse 3

   C
The cloak and dagger dangles

   G/D F/C   C
     Madams light the candles

   G/D F/C   C
     In ceremonies of the horsemen

         Dm   Dm7   G7/D
Even the pawn must hold a grudge

   C
Statues made of matchsticks

   G/D F/C   C
     Crumble into one an - other

   G/D   F/C   C
  My love winks, she does not bother

        Dm   F/C   C
She knows too much to argue or to judge

Instrumental | C | C   G/D | F/C | C   G/D |

                   | F/C | C | F/C   G/D | C | C   ‖

Verse 4

   C
The bridge at midnight trembles

   G/D F/C   C
     The country doctor rambles

   G/D F/C   C
     Bankers' nieces seek per - fection

         Dm   Dm7   G7/D
Expecting all the gifts that wise men bring

     C
The wind howls like a hammer

   G/D F/C   C
     The night blows cold and rainy

   G/D F/C   C
     My love she's like some raven

       Dm   F/C   C
At my window with a broken wing

Outro | F/C | C | F/C | C   ‖ *To fade*

Love Sick

Words & Music by Bob Dylan

Em   D   B   Am   Am7   G   A   C

Verse 1

Em   D   Em
I'm walking   through streets that are dead

D   Em
Walking,   walking with you in my head

            D   B   Am   Am7
My feet are so tired, my brain is so wired

               Em
And the clouds are weeping

Verse 2

Em   D   Em
Did I   hear someone tell a lie?

D   Em
Did I   hear someone's distant cry?

           D   B   Am   Am7
I spoke like a child; you de - stroyed me with a smile

              Em
While I was sleeping

Chorus 1

G A   G A   Em
I'm sick of love   but I'm in the thick of it

G A   G A   Em
This kind of love   I'm so sick of it

Verse 3

Em   D   Em
I see,   I see lovers in the meadow

D   Em
I see,   I see silhouettes in the window

           D   B   Am An
I watch them 'til they're gone and they leave me hanging on

           Em
To a shadow

Chorus 2

```
G A                    G A              Em
    I'm sick of love;      I hear the clock tick
G A                    G A          Em
    This kind of love;      I'm love sick
```

Instrumental

‖: Em	Em	D	D	
Em	Em	Em	Em	:‖
Am	Am⁷	Am⁷		
Em	Em	Em	Em ‖

Verse 4

```
Em          D                          Em
    Sometimes   the silence can be like the thunder
             D                     Em
Sometimes   I feel like I'm being plowed under
                    D        B        Am  Am⁷
Could you ever be true?   I think of you
      Em
And I wonder
```

Chorus 3

```
G A                    G A              Em
    I'm sick of love;      I wish I'd never met you
G A                    G A              Em
    I'm sick of love;      I'm trying to for - get you
```

Outro

```
Em                          D
    Just don't know what to do
C                    B       Em
I'd give anything to   be with you
```

Maggie's Farm

Words & Music by Bob Dylan

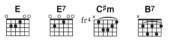

Capo third fret

Intro | E | E ||

Verse 1
E7
I ain't gonna work on Maggie's farm no more

No, I ain't gonna work on Maggie's farm no more

Well, I wake in the morning, fold my hands and pray for rain

I got a head full of ideas that are drivin' me insane
   C#m   B7
It's a shame the way she makes me scrub the floor
E7
I ain't gonna work on Maggie's farm no more

Link 1 | E | E ||

Verse 2
E7
I ain't gonna work for Maggie's brother no more

No, I ain't gonna work for Maggie's brother no more

Well, he hands you a nickel, he hands you a dime

He asks you with a grin if you're havin' a good time
   C#m   B7
Then he fines you every time you slam the door
E7
I ain't gonna work for Maggie's brother no more

Link 2 | E | E ||

Verse 3
E7
I ain't gonna work for Maggie's pa no more

No, I ain't gonna work for Maggie's pa no more

Well, he puts his cigar out in your face just for kicks

His bedroom window it is made out of bricks
    C♯m   B7
The National Guard stands around his door
    E7
Ah, I ain't gonna work for Maggie's pa no more

Link 3 | E | E | E | E   ‖

Verse 4
E7
I ain't gonna work for Maggie's ma no more

No, I ain't gonna work for Maggie's ma no more

Well, she talks to all the servants about man and God and law

Everybody says she's the brains behind pa
    C♯m   B7
She's sixty-eight, but she says she's twenty - four
    E7
I ain't gonna work for Maggie's ma no more

Link 4 | E | E | E   ‖

Verse 5
E7
I ain't gonna work on Maggie's farm no more

No, I ain't gonna work on Maggie's farm no more

Well, I try my best to be just like I am

But everybody wants you to be just like them
    C♯m   B7
They say sing while you slave and I just get bored
    E7
I ain't gonna work on Maggie's farm no more

Outro | E | E | E | E   ‖ *To fade*

Make You Feel My Love

Words & Music by Bob Dylan

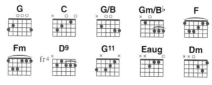

Capo first fret

Verse 1

G C   G/B
     When the rain is blowing in your face
Gm/B♭   F
And the whole world is on your case
Fm   C
I could offer you a warm embrace
D9   G11   C
To make you feel my love

Verse 2

C   G/B
     When the evening shadows and the stars appear
Gm/B♭   F
And there is no one there to dry your tears
Fm   C
I could hold you for a million years
D9   G11   C
To make you feel my love

Bridge 1

F   C
I know you haven't made your mind up yet
Eaug   F   C
But I would never do you wrong
F   C
I've known it from the moment that we met
Dm   G
No doubt in my mind where you be - long

Verse 3

    C   G/B
    I'd go hungry, I'd go black and blue

    Gm/B♭   F
    I'd go crawling down the avenue

    Fm   C
    There's nothing that I wouldn't do

    D9   G11   C
    To make you feel my love

Instrumental

C	G/B	Gm/B♭	F	
Fm	C	D9 G11	C	

Bridge 2

    Fm   C
    The storms are raging on the rollin' sea

    Eaug   C
    And on the highway of re - gret

    F   C
    The winds of change are blowing wild and free

    Dm   G11
    You ain't seen nothing like me yet

Verse 4

    C   G/B
    I could make you happy, make your dreams come true

    Gm/B♭   F
    Nothing that I wouldn't do

    Fm   C
    Go to the ends of the earth for you

    D9   G11   C
    To make you feel my love

Outro

C	G/B	Gm/B♭	F	
Fm	C	D9 G11	C	*To fade*

153

Mama, You Been On My Mind

Words & Music by Bob Dylan

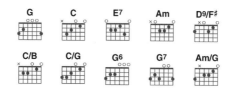

Capo fourth fret

Intro | G | G |

Verse 1
    C   E7
Perhaps it's the color of the sun cut flat
        Am   D9/F#
An' cov'rin' the crossroads I'm standing at
     C   C/B   Am G   C/G
Or maybe it's the weather or   something like that
                    G6 G7 C
But mama, you been on my mind

Verse 2
    C   E7
I don't mean trouble, please don't put me down or get upset
        Am   D9/F#
I am not pleadin' or sayin', "I can't forget"
     C   E7   Am   Am/G   F
I do not walk the floor bowed down an' bent, but yet
C/G   G6 G7 C
Mama, you been on my mind

      C

Even though my mind is hazy an' my thoughts they might be narrow

      E7   **Am**   **D9/F♯**

Where you been don't bother me nor bring me down in sorrow

  C   **G**   **Am**   **Am/G** **F**

It don't even matter to me where you're wakin' up   tomorrow

  C/G   **G6** **G7** **C**

But mama, you're just on my mind

      C

I am not askin' you to say words like "yes" or "no"

    E7   **Am**   **D7/F♯**

Please understand me, I got no place for you t'go

       C   **G**   **Am**   **Am/G** **F**

I'm just breathin' to myself, pretendin' not that I don't know

C/G   **G6** **G7** **C**   **G**

Mama, you been on my mind

C	**E7**	**Am**		**D9/F♯**		**C/G**	**G**	
Am	**Am/G**	**F**	**C/G**	**G7**	**C**	**G**	**G7**	**N.C.**

      C

When you wake up in the mornin', baby, look inside your mirror

    E7   **Am** **Am/G**   **D9/F♯**

You know I won't be next to you, you know I won't be near

     C   **E7**   **Am**   **Am/G** **F**

I'd just be curious to know if you can see yourself as clear

  C/G   **G7**   **C**   **G** **G7** **C**

As someone who has had you on his mind

The Man In Me

Words & Music by Bob Dylan

Chord diagrams: G, C, Am, D, G/B, C6, C/D, D9

Capo first fret

Intro	G	C Am	D	G	
	G	C	D	G	

Verse 1

```
        G                      C    G/B Am
The man in me will do nearly any task
        D            C            C6        G
And as for compen - sation, there's little he would ask
```

Take a woman like you
```
        C          C/D   G
To get through to the man in me
```

Verse 2

```
        G                     C    G/B     Am
Storm clouds are raging all a - round my door
        D            C            C6        G
I think to my - self I might not take it any more
```

Take a woman like your kind
```
        C       C/D   G
To find the man in me
```

Chorus 1

```
        Am                    G
But, oh, what a wonderful feeling
Am                    G
Just to know that you are near
Am          G
Sets my heart a-reeling
            Am          D
From my toes up to my ears
```

Verse 3

        G   C   G/B Am
The man in me will hide sometimes to keep from bein' seen

      D   C   C6   G
But that's just because he doesn't want to turn into some ma - chine

Took a woman like you

      C   C/D   G
To get through to the man in me

Outro   ‖: G | C G/B | Am | D D9 | G   :‖ *Repeat to fade*

157

Man In The Long Black Coat

Words & Music by Bob Dylan

F#m   A   E   C#m   Esus4   D

Intro

| F#m | F#m | F#m | F#m | F#m |

|: F#m A E C#m | F#m A E F#m :| F#m | E

| F#m A E | F#m | F#m ||

Verse 1

F#m   A   E   C#m
Crickets are chirpin', the water is high
         F#m   A   E   F#m
There's a soft cotton dress on the line hangin' dry
                  A   E   C#m
Window wide open, African trees
F#m   A   E   F#m
Bent over backwards from a hurricane breeze
       E
Not a word of goodbye, not even a note
       F#m   A
She gone with the man
       E   F#m
In the long black coat

Verse 2

F#m   A   E   C#m
Somebody seen him hanging a - round
         F#m   A   E   F#m
At the old dance hall on the outskirts of town
                  A   E   C#m
He looked into her eyes when she stopped him to ask
F#m   A   E   F#m
If he wanted to dance, he had a face like a mask
E   Esus4   E
Somebody said from the Bible he'd quote
         F#m   A
There was dust on the man
       E   F#m
In the long black coat

Verse 3
```
F♯m              A              E          C♯m
Preacher was a talkin', there's a sermon he gave
        F♯m        A          E            F♯m
He said every man's conscience is vile and de - praved
               A      E        C♯m
You cannot de - pend on it to be your guide
            F♯m    A      E        F♯m
When it's you who must keep it satis - fied
            E
It ain't easy to swallow, it sticks in the throat
              F♯m        A
She gave her heart to the man
          E        F♯m
In the long black coat
```

Bridge
```
          D                    A
There are no mistakes in life some people say
      F♯m              E            F♯m
It is true sometimes you can see it that way
      D                  A
But people don't live or die, people just float
      F♯m
She went with the man
          E        F♯m
In the long black coat
```

Verse 4
```
F♯m                    A        E              C♯m
There's smoke on the water, it's been there since June
F♯m          A              E              F♯m
Tree trunks up - rooted, 'neath the high crescent moon
                   A          E          C♯m
Feel the pulse and vi - bration and the rumbling force
F♯m        A              E        F♯m
Somebody is out there beating     a dead horse
      E          Esus4              E
She never said nothing, there was nothing she wrote
        F♯m        A
She gone with the man
          E        F♯m
In the long black coat
```

Outro
```
|F♯m        |F♯m      |F♯m E  |F♯m      |

|F♯m E  |F♯m      |F♯m E  |F♯m      ‖
```

Masters Of War

Words & Music by Bob Dylan

Dm   Dm11   C   G/B   Fmaj7

⑥ = D   ③ = G

⑤ = A   ② = B   **Capo third fret**

④ = D   ① = E

Verse 1 | Dm   Dm11 |

     Dm   Dm11 Dm   Dm11
Come you masters of   war

     Dm   Dm11 Dm   Dm11
You that build all the guns

     Dm   Dm11 Dm   Dm11
You that build the death planes

     Dm   Dm11 Dm   Dm11
You that build the big   bombs

     Dm   Dm11 Dm   Dm11
You that hide be - hind walls

     Dm   Dm11 Dm   Dm11
You that hide be - hind desks

     Dm   C
I just want you to know

                       Dm   Dm11
I can see through your masks

     Dm   Dm11 Dm   Dm11

Verse 2   You that never done nothin'

     Dm   Dm11 Dm   Dm11
But build to de - stroy

     Dm   Dm11 Dm   Dm11
You play with my   world

     Dm   C   Dm   Dm11
Like it's your little toy

     Dm   Dm11 Dm   Dm11
You put a gun in my hand

     Dm   C   Dm   Dm11
And you hide from my eyes

     Dm   C
And you turn and run farther

                   Dm   Dm11
When the fast bullets fly

Verse 3

Dm   Dm11 Dm Dm11
Like Judas of   old

Dm   Dm11 Dm   Dm11
You lie and de - ceive

Dm   Dm11 Dm   Dm11
A world war can be   won

Dm   C   Dm   Dm11
You want me to be - lieve

Dm   Dm11 Dm   Dm11
But I see through your eyes

Dm   C   Dm   Dm11
And I see through your brain

Dm   Fmaj7
Like I see through the water

     C   Dm   Dm11 Dm Dm11
That runs down my drain

Verse 4

Dm   Dm11 Dm   Dm11
You fasten the   triggers

Dm   Dm11 Dm   Dm11
For the others to   fire

Dm   Dm11 Dm   Dm11
Then you set back and   watch

Dm   C   Dm   Dm11
When the death count gets higher

Dm   Dm11 Dm   Dm11
You hide in your mansion

Dm   C   G/B Dm   Dm11
While the young peo - ple's blood

Dm   C
Flows out of their bodies

                Dm   Dm11
And is buried in the mud

Dm   Dm11 Dm Dm11
You've thrown the worst fear

Dm   Dm11 Dm   Dm11
That can ever be   hurled

Dm   Dm11 Dm   Dm11 Dm
Fear to bring children

C   G/B Dm   Dm11
Into the   world

Dm   Dm11 Dm   Dm11
For threatening my   baby

Dm C   G/B Dm   Dm11
Un - born and un - named

Dm   Fmaj7
You ain't worth the blood

     C   Dm Dm11
That runs in your veins

Dm   Dm11 Dm Dm11
How much do I   know

Dm   Dm11 Dm Dm11
To talk out of turn

Dm   Dm11 Dm   Dm11
You might say that I'm young

Dm   C   G/B Dm   Dm11
You might say I'm un - learned

Dm   Dm11 Dm Dm11
But there's one thing I know

Dm   C   Dm Dm11
Though I'm younger than you

Dm   C
Even Jesus would never

G/B   Dm Dm11
Forgive what you do

Dm   Dm11 Dm   Dm11
Let me ask you one question

Dm   Dm11 Dm   Dm11
Is your money that   good

Dm   Dm11 Dm   Dm11
Will it buy you for - giveness

Dm C   G/B Dm   Dm11
Do you think that it   could

Dm   Dm11 Dm Dm11
I think you will find

Dm   C   G/B Dm   Dm11
When your death takes its toll

Dm   C
All the money you made

          G/B   Dm   Dm11
Will never buy back your soul

Verse 8

Dm   Dm11 Dm   Dm11
And I hope that you die

Dm   Dm11 Dm   Dm11
And your death'll come soon

Dm   Dm11 Dm   Dm11
I will follow your casket

Dm C   G/B Dm   Dm11
In the pale af - ter - noon

Dm   Dm11 Dm   Dm11
And I'll watch while you're lowered

Dm   C G/B   Dm Dm11
Down to your death - bed

Dm   Fmaj7
And I'll stand o'er your grave

        C   Dm
'Til I'm sure that you're dead

Million Dollar Bash

Words & Music by Bob Dylan

Capo fourth fret

Intro | C | C ‖

Verse 1

C
Well, that big dumb blonde

F
With her wheel in the gorge

C
And Turtle, that friend of theirs

G
With his checks all forged

C
And his cheeks in a chunk

F
With his cheese in the cash

C
They're all gonna be there

G   C
At that million dollar bash

Am   F   C
Ooh, baby, ooh - ee

Am   F   C
Ooh, baby, ooh - ee

G6(add4)   C
It's that million dollar bash

Verse 2

C
Ev'rybody from right now

   F
To over there and back

   C
The louder they come

   G
The harder they crack

C
Come now, sweet cream

F
Don't forget to flash

       C
We're all gonna meet

       G   C
At that million dollar bash

Am   F   C
Ooh, baby, ooh - ee

Am   F   C
Ooh, baby, ooh - ee

      G6(add4)   C
It's that million dollar bash

Verse 3

C
Well, I took my counselor

F
Out to the barn

   C
Silly Nelly was there

 G
She told him a yarn

    C
Then a - long came Jones

F
Emptied the trash

C
Ev'rybody went down

    G   C
To that million dollar bash

Am   F   C
Ooh, baby, ooh - ee

Am   F   C
Ooh, baby, ooh - ee

      G6(add4)   C
It's that million dollar bash

Verse 4

C
Well, I'm hittin' it too hard

F
My stones won't take

C
I get up in the mornin'

G
But it's too early to wake

C
First it's hello, goodbye

F
Then push and then crash

C
But we're all gonna make it

G   C
At that million dollar bash

Am   F   C
Ooh, baby, ooh - ee

Am   F   C
Ooh, baby, ooh - ee

G6(add4)   C
It's that million dollar bash

Verse 5

C
Well, I looked at my watch

F
I looked at my wrist

C   G
Punched myself in the face

With my fist

C
I took my potatoes

F
Down to be mashed

C
Then I made it over

G   C
To that million dollar bash

Am   F   C
Ooh, baby, ooh - ee

Am   F   C
Ooh, baby, ooh - ee

G6(add4)   C
It's that million dollar bash   *To fade*

Mississippi

Words & Music by Bob Dylan

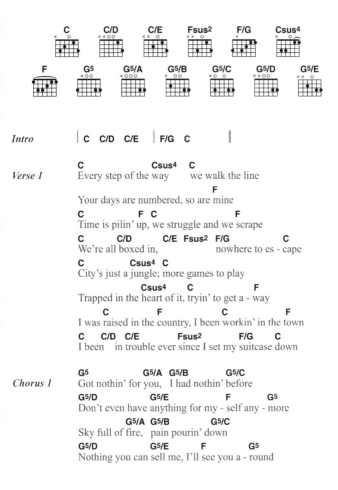

Intro | C   C/D   C/E | F/G   C ‖

Verse 1

        C   Csus⁴   C
Every step of the way   we walk the line
                         F
Your days are numbered, so are mine
C   F C   F
Time is pilin' up, we struggle and we scrape
C   C/D   C/E Fsus² F/G   C
We're all boxed in,   nowhere to es - cape
C   Csus⁴ C
City's just a jungle; more games to play
         Csus⁴   C   F
Trapped in the heart of it, tryin' to get a - way
        C   F   C   F
I was raised in the country, I been workin' in the town
C   C/D C/E   Fsus²   F/G   C
I been   in trouble ever since I set my suitcase down

Chorus 1

      G⁵   G⁵/A G⁵/B   G⁵/C
Got nothin' for you, I had nothin' before
G⁵/D   G⁵/E   F   G⁵
Don't even have anything for my - self any - more
           G⁵/A G⁵/B   G⁵/C
Sky full of fire, pain pourin' down
G⁵/D   G⁵/E   F   G⁵
Nothing you can sell me, I'll see you a - round

cont.

```
C                         Csus4   C
All my powers of ex - pression and thoughts so sublime
                    Csus4    C          F
Could never do you justice in reason or rhyme
C       F    C    F
Only one thing I did wrong
C       C/D          C/E  Fsus2  F/G     C
Stayed in Mississip - pi    a     day too long
```

Link 1
```
| C  C/D  C/E  Fsus2  | F/G  C                    |
```

Verse 2
```
C                                        Csus4
Well, the devil's in the alley, mule's in the stall
C               Csus4           F
Say anything you wanna, I have heard it all
C                   F         C    F
I was thinkin' 'bout the things that Rosie said
C     C/D          C/E   Fsus2       F/G  C
I was dreaming I was sleepin'  in Rosie's bed
C                 Csus4  C              Csus4
Walkin' through the leaves, falling from the trees
C        Csus4   C      F
Feelin' like a stranger nobody sees
C       F    C                    F
So many things that we never will un - do
C  C/D          C/E   Fsus2  F/G   C
I   know you're sorry, I'm     sorry too
```

Chorus 2
```
G5                 G5/A          G5/B          G5/C
Some people will offer you their hand and some won't
G5/D       G5/E         F     G5
Last night I knew you, to - night I don't
                G5/A     G5/B      G5/C
I need somethin' strong to distract my mind
G5/D            G5/E      F     G5
I'm gonna look at you 'til my eyes go blind
```

```
C               Csus4      C         Csus4
```
Well I got here followin' the southern star
```
C                                          F
```
I crossed that river just to be where you are
```
C        F     C     F
```
Only one thing I did wrong
```
C         C/D        C/E  Fsus2  F/G      C
```
Stayed in Mississip - pi   a   day too long

Link 2 | C C/D C/E Fsus2 | F/G C |

Verse 3
```
C                             Csus4   C                  Csus4
```
Well my ship's been split to splinters and it's sinkin' fast
```
C              Csus4          C              F
```
I'm drownin' in the poison, got no future, got no past
```
C          Csus4  C              Csus4
```
But my heart is not weary, it's light and it's free
```
C        C/D        C/E      Fsus2           F/G      C
```
I've got nothin' but affection for all those who've sailed with me
```
C          Csus4  C              Csus4
```
Everybody movin' if they ain't already there
```
C          Csus4      C      F
```
Everybody got to move some - where
```
C        F     C               F
```
Stick with me baby, stick with me any - how
```
C          C/D        C/E      Fsus2  F/G      C
```
Things should start to get interest - in'   right about now

Chorus 3
```
G5              G5/A  G5/B      G5/C
```
My clothes are wet, tight on my skin
```
G5/D             G5/E        F          G5
```
Not as tight as the corner that I painted myself in
```
          G5/A      G5/B        G5/C
```
I know that fortune is waitin' to be kind
```
G5/D             G5/E    F       G5
```
So give me your hand and say you'll be mine

Verse 4
```
C                     Csus4   C          Csus4
```
Well, the emptiness is endless, cold as the clay
```
C          Csus4              C                      F
```
You can always come back, but you can't come back all the way
```
C        F     C     F
```
Only one thing I did wrong
```
C         C/D        C/E  Fsus2  F/G      C
```
Stayed in Mississip - pi   a   day too long

Outro | C C/D C/E Fsus2 | F/G C ||

Most Likely You Go Your Way
And I'll Go Mine

Words & Music by Bob Dylan

G7   Am   G   Bm   Em   D   C

Intro | **G7** | **G7** | **G7** | **G7** ‖

Verse 1

Am
You say you love me and you're thinkin' of me

                                    G7
But you know you could be wrong

Am
You say you told me that you wanna hold me

                                    G
But you know you're not that strong

Bm   **Em**
I just can't do what I done before

Am
I just can't beg you anymore

           G   **G7**   **D**
I'm gonna let you pass and I'll go last

      G   **Bm**   **C**   **G**
Then time will tell just who fell

     C   **D**   **N.C**
And who's been left behind

                            G7
When you go your way and I go mine

Verse 2

Am
You say you disturb me and you don't deserve me

                        G7
But you know sometimes you lie

Am
You say you're shakin' and you're always achin'

                       G7
But you know how hard you try

cont.

Bm   **Em**
Sometimes it gets so hard to care
Am
    It can't be this way ev'rywhere
                    G   **G7**   **D**
And I'm gonna let you pass, yes, and I'll go last
        G   **Bm**   **C**   **D**
Then time will tell just who fell
        C   **D**
And who's been left behind
                              D7   **N.C**
When you go your way and I go mine

Bridge

Em
The judge, he holds a grudge
            D
He's gonna call on you
            Em
But he's badly built and he walks on stilts
                    D
Watch out he don't fall on you

Link

| **G7** | **G7** | **G7** | **G7** | ‖

Verse 3

Am
You say you're sorry for tellin' stories
                    G7
That you know I believe are true
Am
You say ya got some other kinda lover
                    G7
And yes, I believe you do
    Bm
You say my kisses are not like his
            Am
But this time I'm not gonna tell you why that is
            G   **D**
I'm just gonna let you pass, yes, and I'll go last
        G   **Bm** **C** **G**   **C**   **D** **N.C.**
Then time will tell who fell and who's been left behind
                            G7
When you go your way and I go mine

Outro

‖: **G7** | **G7** | **G7** | **G7** :‖ *Repeat to fade*

171

Most Of The Time

Words & Music by Bob Dylan

| F | B♭ | C7 | C | F(add9) | Am | G |

Intro　　　| F　　| B♭　　| C7　　| F　　‖

Verse 1
　　　　　　　　　　　C　　　　F(add9)
Most of the time I'm clear focused all around
　　　　　　　　　　　C　　　　　　　　　F(add9)
Most of the time I can keep both feet on the ground
Am　　　　　　　　G　F
I can follow the path, I can read the signs
Am　　　　　　　　G　F
Stay right with it when the road unwinds
　　　　　　　　　　　C　　　　　　　F(add9)
I can handle whatever I stumble upon
　　　　　　　　Am　　G　　F
I don't even notice she's gone
　　　　　　　　　　C　F　C　F
Most of the time

Verse 2
　　　　　　　　　　C　F(add9)
Most of the time it's well understood
　　　　　　　　　　C　F(add9)
Most of the time I wouldn't change it if I could
Am　　　　　　　　　　　G　F
I can make it all match up, I can hold my own
Am　　　　　　　　　　G　F
I can deal with the situation right down to the bone
　　　　　　C　　　　　　　　F(add9)
I can survive, I can endure
　　　　　　　　　　Am　G　　F
And I don't even think about her
　　　　　　　　　　C　F(add9)　C　F(add9)
Most of the time

             C F(add9)
Most of the time my head is on straight
             C F(add9)   G
Most of the time I'm strong enough not to hate
Am   G F   G
I don't build up illusion 'til it makes me sick
Am   G F
I ain't afraid of confusion no matter how thick
              C   F(add9)
I can smile in the face of mankind
            Am   G   F(add9)
Don't even remember what her lips felt like on mine
         C F C F G
Most of the time

Am   G C   G
Most of the time she ain't even in my mind
Am   G
I wouldn't know her if I saw her
C
She's that far behind
E7   Am   E7
  Most of the time I can't even be sure if she was ever with me
Am   F/C
  Or if I was with her

             C F(add9)
Most of the time I'm halfway content
             C F(add9)   C
Most of the time I know exactly where it went
Am   G F
I don't cheat on myself, I don't run and hide
Am   F
Hide from the feelings that are buried inside
           C   F(add9)
I don't compromise and I don't pretend
         Am   F(add9)
I don't even care if I ever see her again
         C   F(add9)
Most of the time

‖: C | F(add9) | C | F(add9) :‖ *Repeat to fade*

Mr. Tambourine Man

Words & Music by Bob Dylan

[Chord diagrams: D, G/B, A, Em]

Capo third fret

⑥ = D   ③ = G
⑤ = A   ② = B
④ = D   ① = E

Intro | D | D   ‖

Chorus 1
```
G/B      A                 D            G/B
Hey! Mr. Tambourine Man, play a song for me
          D               G/B          A
I'm not sleepy and there is no place I'm going to
G/B      A                 D            G/B
Hey! Mr. Tambourine Man, play a song for me
          D           G/B           A        D
In the jingle jangle morning I'll come followin' you
```

Verse 1
```
            G/B           A         D          G/B
Though I know that evenin's empire has returned into sand
D             G/B
Vanished from my hand
          D             G/B      Em    A
Left me blindly here to stand but still not sleeping
    G/B     A            D            G/B
My weariness amazes me, I'm branded on my feet
     D          G/B
I have no one to meet
          D             G/B      Em    A
And the ancient empty street's too dead for dreaming
```

Chorus 2   As Chorus 1

Link 1 | D | D   ‖

174

      G/B   A   D   G/B

Take me on a trip upon your magic swirlin' ship

    D   G/B   D   G/B

My senses have been stripped, my hands can't feel to grip

    D   G/B

My toes too numb to step

    D   Em   A

Wait only for my boot heels to be wanderin'

    G/B   A   D   G/B

I'm ready to go anywhere, I'm ready for to fade

    D   G/B   D   G/B

Into my own parade, cast your dancing spell my way

    Em   A

I promise to go under it

Chorus 3

    G/B   A   D   G/B

Hey! Mr. Tambourine Man, play a song for me

        D   G/B   A

I'm not sleepy and there is no place I'm going to

    G/B   A   D   G/B

Hey! Mr. Tambourine Man, play a song for me

        D   G/B   A   D

In the jingle jangle morning I'll come followin' you

Link 2 | D | D   ‖

Verse 3

        G/B   A

Though you might hear laughin', spinnin'

      D   G/B

Swingin' madly across the sun

    D   G/B   D   G/B

It's not aimed at anyone, it's just escapin' on the run

    D   G/B Em   A

And but for the sky there are no fences facin'

    G/B   A   D   G/B

And if you hear vague traces of skippin' reels of rhyme

      D   G/B   D   G/B

To your tambourine in time, it's just a ragged clown behind

    D   G/B

I wouldn't pay it any mind

    D   Em   A

It's just a shadow you're seein' that he's chasing

Chorus 4　　As Chorus 3

Harmonica　| G/B A | D G/B | D G/B | D G/B | D G/B |
Break
　　　　　　 | D G/B | D Em | A 　　　| G/B A | D G/B |

　　　　　　 | D G/B | D G/B | D Em | A D | D 　　　‖

　　　　　　　　　　G/B 　　　　A 　　　　　　　　　 D 　　　　　　　 G/B
Verse 4　　Then take me disappearin' through the smoke rings of my mind
　　　　　　　　　　　D 　　　　　　　G/B 　 D 　　　　　　 G/B
　　　　　　Down the foggy ruins of time, far past the frozen leaves
　　　　　　　　　　D 　　　　　　　　G/B 　 D 　　　　　 G/B
　　　　　　The haunted, frightened trees, out to the windy beach
　　　　　　　　　D 　　　　　　 G/B 　 Em 　A
　　　　　　Far from the twisted reach of crazy sorrow
　　　　　　　　　G/B 　　　　　A 　　　　　　　　 D
　　　　　　Yes, to dance beneath the diamond sky with one hand waving fre
　　　　　　　　　D 　　　　　　 G/B 　 D 　　　　　　 G/B
　　　　　　Silhouetted by the sea, circled by the circus sands
　　　　　　　　　 D 　　　　　　 G/B 　 D 　　　　　　　 G/B
　　　　　　With all memory and fate driven deep beneath the waves
　　　　　　　　　　 D 　　　　 Em 　　　　A
　　　　　　Let me forget about today until tomorrow

Chorus 5　　As Chorus 3

Coda　　| G/B A | D G/B | D G/B | D G/B | D G/B ‖ *To fade*

176

My Back Pages

Words & Music by Bob Dylan

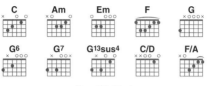

C   Am   Em   F   G

G6   G7   G13sus4   C/D   F/A

Capo third fret

Intro | C | C | C | C ||

Verse 1
C   Am   Em
Crimson flames tied through my ears
      F   G   G6 G7 C
Rollin' high and migh - ty   traps
        Am   Em   C
Pounced with fire on flaming roads
     F   Em G   G6
Using ideas as my maps
G7   F   Am   G G6 G7 C
"We'll meet on edges, soon," said I
Am   F   G
Proud 'neath heated brow
         C   Am C
Ah, but I was so much older then
     F   G   G6 G7   C G G6 G7 G13sus4
I'm younger than that   now

Verse 2
C   Am   Em
Half-wracked prejudice   leaped forth
      F   G G6 G7 C
"Rip down all   hate," I screamed
        Am   Em
Lies that life is black and white
F   G G6   G7
   Spoke from my skull. I dreamed
    Am   Em
Ro - mantic facts of musketeers
     F   G
Foun - dationed deep, some - how

```
         C      Am       Em   F
Ah, but I was so much older then

    G       G6  G7       C
I'm young - er   than that now
```

Verse 3

```
    C          Am        Em
Girls' faces formed the forward path

        F      G    G6   G7 C
From phony jea - lou - sy

             Am     Em
To memo - rizing politics

    F       C/D   G    G6   G7
Of ancient histo - ry

        Am                  Em
Flung down by corpse e - vangelists

        F                      G      G6   G7
Un - thought of, though, some - how

            C          F    C
Ah, but I was so much older then

        F      G    G6 G7  C
I'm younger than    that now
```

Verse 4

```
    C          Am        Em
A self - or - dained pro - fessor's tongue

        F      G  G6  G7 C
Too serious        to  fool

             Am     Em
Spouted out that liberty

    F              G          G6   G7
Is just equality in school

        Am     Em
"E - quality," I spoke the word

    F              G      G6   G7
As if a wedding vow

        C      Am
Ah, but I was so much older then

    F       G   G6 G7  C
I'm younger than    that now
```

C   Am   Em
In a soldier's stance, I aimed my hand

        F   G   G6 G7 C
At the mongrel dogs   who teach

                Am   Em
Fearing not that I'd become my e - nemy

      F   G   G6 G7
In the instant that I preach

    Am   F   C
My pathway led by confusion boats

Am   Em   G   G6 G7
Mutiny from stern to bow

          C   Am   F/A C
Ah, but I was so much older then

      G   G6 G7   C
I'm young - er   than that now

C   Am   Em
Yes, my guard stood hard when abstract threats

F   G G6 G7 C
Too noble to   ne - glect

                Am Em
Deceived me into thinking

       F   G   G6 G7
I had something to protect

Am   Em
Good and bad, I de - fine these terms

F   G   G6 G7
Quite clear, no doubt, some - how

          C   Am   F   C
Ah, but I was so much older then

     F   G6 G7   C
I'm young - er than that now

Not Dark Yet

Words & Music by Bob Dylan

E	A	B	B/A	B/G#	C#m

Intro | E | A E | E | E   A | E | E | E ‖

Verse 1
      E
      Shadows are falling   and I've been here all day
     It's too hot to sleep,   time is running away
     Feel like my soul has turned into steel
     I've still got the scars that the sun didn't heal
     There's not even room enough to be anywhere
     It's not dark yet, but it's getting there

Verse 1 chords:
```
       E                        A                    E
       Shadows are falling   and I've been here all day
                              A                    E
       It's too hot to sleep,   time is running away
       B            B/A   B/G#              E
       Feel like my soul has turned into steel
       C#m          B          A           E
       I've still got the scars that the sun didn't heal
       B              B/A        B/G#        E
       There's not even room enough  to be anywhere
       C#m          B   A         E
       It's not dark yet,  but it's getting there
```

Link 1 | E | E ‖

Verse 2
```
       E                        A                E
       Well, my sense of humanity   has gone down the drain
                                A                       E
       Behind every beautiful thing there's been some kind of pain
       B            B/A     B/G#              E
       She wrote me a letter and she wrote it so kind
       C#m          B              A    E
       She put down in writing what was  in her mind
       B           B/A    B/G#           E
       I just don't see why I should even care
       C#m          B   A         E
       It's not dark yet,  but it's getting there
```

Link 2 | E | E ‖

© Copyright 1997 Special Rider Music.
All Rights Reserved. International Copyright Secured.

180

Verse 3

    E   A   E
       Well, I've been to London and I've been to gay Paree
                      A   E
    I've followed the river and I got to the sea
    B   B/A   B/G♯   E
    I've been down on the bottom of a world full of lies
    C♯m   B   A   E
    I ain't looking for nothing in anyone's eyes
    B   B/A   B/G♯   E
    Sometimes my burden seems more than I can bear
    C♯m   B   A   E
    It's not dark yet, but it's getting there

Link 3 | E | A E | E | E A | E |

             | B B/A | B/G♯ E | E C♯m | B A | E |

             | B B/A | B/G♯ E | E C♯m | B A | E | E ||

Verse 4

    E   A   E
       I was born here and I'll die here against my will
                              A   E
    I know it looks like I'm moving, but I'm standing still
    B   B/A   B/G♯   E
    Every nerve in my body is so   vacant and numb
             C♯m   B   A   E
    I can't even remember what it was I came here to get away from
    B   B/A   B/G♯   E
    Don't even hear a murmur of a prayer
    C♯m   B   A   E
    It's not dark yet, but it's getting there

Coda | E | E | A E | E | E A | E |

           | B B/A | B/G♯ E | E C♯m | B A | E |

           | B B/A | B/G♯ E | E C♯m | B A | E ||

Oh, Sister

Words by Bob Dylan & Jacques Levy
Music by Bob Dylan

G   Bm   C   Em   F   D

Intro

‖: G | Bm | C | G |

| G | Em | C | G :‖

Verse 1

G   Bm   C   G
Oh, sister, when I come to lie in your arms

             Em   C   G
You should not treat me like a stran - ger

        Bm   C   G
Our Father would not like the way that you act

           Em   C G
And you must realize the dan - ger

Instrumental 1

‖: G | Bm | C | G |

| G | Em | C | G :‖

Verse 2

G   Bm   C   G
Oh, sister, am I not a brother to you

           Em   C G
And one de - serving of af - fec - tion?

        Bm   C   G
And is our purpose not the same on this earth

         Em   C G
To love and follow His di - rec - tion?

Instrumental 2 As Instrumental 1

Bridge
    F   **C**
    We grew up to - gether
         G
    From the cradle to the grave
    F   **C**
    We died and were re - born
         G   **D**
    And then mys - teriously saved

Verse 3
    G   **Bm**   **C**   **G**
    Oh, sister, when I come to knock on your door
            Em   **C** **G**
    Don't turn a - way, you'll create sor - row
          Bm   **C**   **G**
    Time is an ocean but it ends at the shore
          Em   **C** **G**
    You may not see me to - mor - row

Outro
  ‖: G | Bm | C | G |

  | G | Em | C | G   :‖

On A Night Like This

Words & Music by Bob Dylan

Capo first fret

Verse 1

    N.C.   **E**
On a night like this
    B7
So glad you came around

Hold on to me so tight
         E
And heat up some coffee grounds
        E7/G♯
We got much to talk about
  A   **F♯m7♭5**
And much to reminisce
     E
It sure is right
B7   **E**
   On a night like this

Verse 2

    N.C.   **E**
On a night like this
      B7
So glad you've come to stay

Hold on to me, pretty miss
         E
Say you'll never go a - way to stray
      E7/G♯
Run your fingers down my spine
  A   **F♯m7♭5**
Bring me a touch of bliss
     E
It sure feels right
B7   **E**
   On a night like this

N.C.   E
On a night like this

     B7
I can't get any sleep

The air is so cold outside
     E
And the snow's so deep

     E7/G♯
Build a fire, throw on logs
     A   F♯m7♭5
And listen to it hiss

     E   B7
And let it burn, burn, burn, burn
     E
On a night like this

A
Put your body next to mine

     E
And   keep me company
F♯
There is plenty a-room for all

     B7
So   please don't elbow me

N.C.   E
Let the four winds blow

     B7
Around this old cabin door

If I'm not too far off
     E
I think we did this once before

     E7/G♯
There's more frost on the window glass
     A   F♯m7♭5
With each new tender kiss

     E
But it sure feels right
B7   E
   On a night like this

‖: E | E | B7 | B7 | B7 | B7 | E | E |

| E | E7/G♯ | A | F♯m7♭5 | E | B7 | E | E :‖

Repeat to fade

One More Cup Of Coffee
(Valley Below)

Words & Music by Bob Dylan

Am   G   F   E

Intro | Am   ‖

‖: Am | G | F | E   :‖

| Am | Am   ‖

Verse 1

Am
Your breath is sweet
      G
Your eyes are like two jewels in the sky
F
 Your back is straight, your hair is smooth
   E
On the pillow where you lie
Am   **G**
 But I don't sense affection

No gratitude or love
F
 Your loyalty is not to me
  E
But to the stars above

Chorus 1

F   **E**
One more cup of coffee for the road
F   **E**
One more cup of coffee 'fore I go
       (Am)
To the valley be - low

Link 1 | Am | G | F | E   ‖

Verse 2

(E)   **Am**
Your daddy he's an outlaw

G
And a wanderer by trade

F
    He'll teach you how to pick and choose

   E
And how to throw the blade

Am
  He oversees his kingdom

G
So no stranger does intrude

    F
His voice it trembles as he calls out

    E
For an - other plate of food

Chorus 2   As Chorus 1

Link 2   As Link 1

Verse 3

(E)   **Am**
Your sister sees the future

G
Like your mama and yourself

F
  You've never learned to read or write

   E
There's no books upon your shelf

Am
And your pleasure knows no limits

   G
Your voice is like a meadowlark

    F
But your heart is like an ocean

E
Mysterious and dark

Chorus 3   As Chorus 1

Outro   ‖: Am | G | F | E   :‖ Am   ‖

One Of Us Must Know (Sooner Or Later)

Words & Music by Bob Dylan

Capo fifth fret

Intro

| C   F | C   F | C   F | C   F |

Verse 1

(F) C   F C   F C
I   didn't mean   to treat you so bad

F   C/E   Gsus⁴
You shouldn't take it so personal

  C   F C   F C
I didn't mean   to make you so sad

F   C/E   Gsus⁴
You just happened to be there, that's all

Am   Em
   When I saw you say "goodbye"   to your friend and smile

Dm   C
   I thought that it was well   understood

Am   Em
   That you'd be comin' back in a little while

Dm   F   G
   I didn't know that you were sayin' "goodbye" for good

Chorus 1

(G)   C   G/B   F/A   C/G
But, sooner or later, one of us must know

F   C/E   G
   You just did what you're sup - posed to do

C   G/B   F/A   C/G
Sooner or later, one of us must know

    F   C/E   G
That I   really did try to get close to you

Link 1

| C   F | C   F |

Verse 2

```
          C            F C                  F    C
    I couldn't see      what you could show me
          F        C/E     Gsus4
    Your scarf had kept your mouth well hid
      C          F C              F     C
    I couldn't see      how you could know me
          F        C/E              Gsus4
    But you said you knew me and I be - lieved you did
    Am                     Em
      When you whispered in my ear
    Dm                                C
      And asked me if I was leavin' with you or her
    Am                     Em
      I didn't realize just what I did hear
    Dm                 F              G
      I didn't realize how young you were
```

Chorus 2

```
    (G)  C        G/B  F/A           C/G
    But, sooner or later, one of us must know
    F          C/E                 G
      You just did what you're sup - posed to do
    C          G/B  F/A            C/G
    Sooner or later, one of us must know
    F          C/E        G
    That I really did try to get close to you
```

Link 2

```
    | C     F | C     F | C     F ‖
```

Verse 3

```
          C            F C                F     C
    I couldn't see      when it started snow - in'
             F          C/E   Gsus4
    Your voice was all that    I heard
      C          F C                F    C
    I couldn't see      where we were go - in'
          F        C/E        Gsus4
    But you said you knew an' I    took your word
    Am                         Em
    And then you told me later, as I a - pologized
                        Dm                  C
    That you were just kiddin' me, you weren't really  from the farm
    Am                     Em
      An' I told you, as you clawed out my eyes
        Dm                       F         G
    That I never really meant to do you   any harm
```

189

Chorus 3

(G)   C   G/B F/A   C/G
But, sooner or later, one of us must know

F   C/E   G
  You just did what you're sup - posed to do

C   G/B F/A   C/G
Sooner or later, one of us must know

F   C/E   G
  That I really did try to get close to you

Outro

| C G/B | F/A C/G | F C/E | G |

| C G/B | F/A C/G | F C/E | G | C   ‖

Positively 4th Street

Words & Music by Bob Dylan

D   Em   G fr³   A   Bm   A/D   Em/D   G/D

Capo fourth fret

⑥ = D   ③ = G
⑤ = A   ② = B
④ = D   ① = E

Intro | D | D | D | D ||

Verse 1

      D   Em
    You got a lotta nerve
   G   D
To say you are my friend
           A
When I was down
G   Bm   A
You just stood there grinning

Verse 2

D   G
   You got a lotta nerve
                        D
To say you got a helping hand to lend
     A   G
You just want to be on
   Bm   A
The side that's winning

Verse 3

D   Em
   You say I let you down
   G   D
You know it's not like that
     A
If you're so hurt
G   Bm   A
Why then don't you show it

Verse 4

D   Em
 You say you lost your faith
G   D
But that's not where it's at
    A
You have no faith to lose
G Bm A
 And you know it

Verse 5

D   Em
 I know the reason
    G   D
That you talk behind my back
    A G Bm
I used to be among the crowd
   A
You're in with

Verse 6

D   Em
 Do you take me for such a fool
G   D
To think I'd make contact
      A
With the one who tries to hide
    G Bm A   A/D
What he don't know to begin with

Verse 7

D   Em
 You see me on the street
G   D
 You always act surprised
      A   G
You say, "How are you?" "Good luck"
  Bm   A A/D
But you don't mean it

Verse 8

    D   Em
When you know as well as me
     G   D
You'd rather see me paralyzed
     A G   Bm
Why don't you just come out once
  A   A/D
And scream it

Verse 9

D   Em
  No, I do not feel that good
          G   D
When I see the heartbreaks you embrace
        A   G
If I was a master thief
   Bm   A   A/D
Perhaps I'd rob them

Verse 10

        D   Em
And now I know you're dissatisfied
             G   D
With your position and your place
         A   G
Don't you understand
    Bm   A   A/D
It's not my problem

Verse 11

D   Em
  I wish that for just one time
            G   D
You could stand inside my shoes
          A   G
And just for that one moment
Bm   A   A/D
I could be you

Verse 12

        D   Em
Yes, I wish that for just one time
             G   D
You could stand inside my shoes
          A   G   Bm
You'd know what a drag it is
    A   A/D
To see you

Coda

‖: D | Em/D | G/D | D |

| D A | G Bm | A | A/D :‖ *Repeat to fade*

193

One Too Many Mornings

Words & Music by Bob Dylan

A/E   A   A/G#   D/F#   A/E*   A/D   A/C#   E13sus4

⑥ = E   ③ = E

⑤ = A   ② = A   **Capo third fret**

④ = C#   ① = C#

Intro | A/E | A/E   ‖

Verse 1

      A   A/G#   D/F#   A/E*
Down the street the dogs are barkin' and the day is a-gettin' dark

               A/D   A/C#   E13sus4   A/E*
As the night comes in a - fallin' the dogs'll lose their bark

E13sus4   A   A/G#   D/F#   A/E*
An' the silent night will shatter from the sounds inside my mind

            A/D   A/C#   E13sus4   A/E*   E13sus4   A/
For I'm one too many mornings and a thousand miles   be - hi

Instrumental 1| A | A/G# | D/F# | A/E* |

                   | A/E* | A/E* | A/E* | E13sus4 | E13sus4 |

                   | A | A/G# | D/F# | A/E* |

                   | A/E* | A/E* A/D   A/C# | E13sus4 |

                   | A/E | D/F# | A/E | A/E   ‖

rse 2

(A/E)   A   A/G♯   D/F♯   A/E*

From the crossroads of my doorstep my eyes they start to fade

                                   A/D   A/C♯ E13sus4

As I turn my head back to the room where my love and I have laid

A/E* E13sus4 A   A/G♯   D/F♯   A/E*

An' I gaze back to the street, the sidewalk and the sign

                     A/D   A/C♯   E13sus4 A/E* E13sus4   A/E

And I'm one too many mornings an' a thousand miles   be - hind

strumental 2

| A | A/G♯ | D/F♯ | A/E* | |

| A/E* | A/E* | A/E* | A/E* | |

| E13sus4 | E13sus4 | |

| A | A/G♯ | D/F♯ | A/E* | |

| A/E* | A/E* | A/E* | E13sus4 | A/E* E13sus4 |

| A/E | D/F♯ | A/E | A/E | ‖

rse 3

(A/E) A   A/G♯   D/F♯   A/E*

It's a restless hungry feeling that don't mean no one no good

                   A/D   A/C♯   E13sus4

When ev'rything I'm a - sayin', you can say it just as good

A/E* E13sus4 A   A/G♯ D/F♯   A/E*

           You're right from your side, I'm right from mine

                     A/D   A/C♯

We're both just one too many mornings

        E13sus4 A/E* E13sus4   A/E D/F♯

An' a thousand miles   be - hind

utro

| A | A/G♯ | D/F♯ | A/E* | |

| A/E* | A/E* | A/E* | A/E* | |

| E13sus4 | E13sus4 | |

| A | A/G♯ | D/F♯ | A/E* | |

| A/E* | A/E* | A/E* | E13sus4 | |

| E13sus4 | A/E* | E13sus4 | A/E | ‖

Quinn The Eskimo
(The Mighty Quinn)

Words & Music by Bob Dylan

Intro | A | A | A | A ||

Verse 1

  A   D   A
    Ev'rybody's building   the big ships and the boats

                D
Some are building monuments

  A   D
    Others, jotting down notes

  A   D
    Ev'rybody's in despair

  A   D
    Ev'ry girl and boy

          A   E
But when Quinn the Eskimo gets here

       D   A
Ev'rybody's gonna jump for joy

Chorus 1

  A   D   A
||: Come all without, come all within

             E   D   A
You'll not see nothing like the mighty Quinn :||

Verse 2

  A   D   A   D
I like to do just like the rest, I like my sugar sweet

  A   D
    But guarding fumes and making haste

  A   D
    It ain't my cup of meat

  A   D
    Ev'rybody's 'neath the trees

  A   D
Feeding pigeons on a limb

          A   E
But when Quinn the Eskimo gets here

      D   A
All the pigeons gonna run to him

Chorus 2

   A   D   A
‖: Come all without, come all within

                   E   D   A
You'll not see nothing like the mighty Quinn :‖

Solo

| A   D | A   D | A   D | A   D |

| A   D | A   D | A   E | D   A ‖

Verse 3

A   D   A   D
   A cat's meow and a cow's moo, I can recite 'em all

A   D
   Just tell me where it hurts yuh, honey

         A   D
And I'll tell you who to call

A   D
   Nobody can get no sleep

           A   D
There's someone on ev'ryone's toes

           A   E
   But when Quinn the Eskimo gets here

   D   A
Ev'rybody's gonna wanna doze

Chorus 3

   A   D   A
‖: Come all without, come all within

                   E   D   A
You'll not see nothing like the mighty Quinn :‖

Coda

| A   E | D   A ‖

Rainy Day Women
#12 & 35

Words & Music by Bob Dylan

F7   B♭7   C7

| **Intro** | | F7 | | F7 | | F7 | | F7 | | B♭7 | | B♭7 | |
| | | F7 | | F7 | | C7 | | C7 | | F7 | | F7 | |

Verse 1

F7
Well, they'll stone ya when you're trying to be so good

They'll stone ya just a-like they said they would
B♭7
They'll stone ya when you're tryin' to go home
F7
Then they'll stone ya when you're there all alone
C7
But I would not feel so all alone
F7
Everybody must get stoned

Well, they'll stone ya when you're walkin' 'long the street

They'll stone ya when you're tryin' to keep your seat
B♭7
They'll stone ya when you're walkin' on the floor
F7
They'll stone ya when you're walkin' to the door
C7
But I would not feel so all alone
F7
Everybody must get stoned

Verse 2

F7
They'll stone ya when you're at the breakfast table

They'll stone ya when you are young and able
B♭7
They'll stone ya when you're tryin' to make a buck

cont.
    F7
They'll stone ya and then they'll say, "good luck"
      C7
Tell ya what, I would not feel so all alone
F7
Everybody must get stoned

Instrumental 1 | **F7** | **F7** | **F7** | **F7** | **B♭7** | **B♭7** |
| **F7** | **F7** | **C7** | **C7** | **F7** | **F7** ‖

F7
Verse 3   Well, they'll stone you and say that it's the end

Then they'll stone you and then they'll come back again
     B♭7
They'll stone you when you're riding in your car
    F7
They'll stone you when you're playing your guitar
    C7
Yes, but I would not feel so all alone

Everybody must get stoned

Instrumental 2 | **F7** | **F7** | **F7** | **F7** | **B♭7** | **B♭7** |
| **F7** | **F7** | **C7** | **C7** | **F7** | **F7** ‖

F7
Verse 4   Well, they'll stone you when you walk all alone

They'll stone you when you are walking home
    B♭7
They'll stone you and then say you are brave
    F7
They'll stone you when you are set down in your grave
    C7
But I would not feel so all alone
F7
Everybody must get stoned

Outro | **F7** | **F7** | **F7** | **F7** |
| **B♭7** | **B♭7** | **F7** | **F7** ‖ *Fade out*

Roll On John

Words & Music by Bob Dylan

G   D7   C   Am7

Intro
| G | D7 | G | G |
| C | C | G | C |
| D7 | Am7 | G ‖

Verse 1

G
Doctor, doctor, tell me the time of day
                                        C
                                              G
Another bottle's empty, another penny spent
                          C
He turned around and he slowly walked a - way
                                            G
They shot him in the back and down he went

Chorus 1

G   C
Shine your light
    D7
Move it on
            C
You burned so bright
    G
Roll on, John

Verse 2

G   C
From the Liverpool docks to the red light Hamburg streets
                                        G
Down in the quarry with the Quarrymen
                                        C
Playing to the big crowds, playing to the cheap seats
                                              G
Another day in the life on your way to your journey's end

Chorus 2   As Chorus 1

Verse 3
    G   **C**
Sailing through the trade winds bound for the South
                                G
Rags on your back just like any other slave
                                      C
They tied your hands and they clamped your mouth
                                  G
Wasn't no way out of that deep, dark cave

Chorus 3   As Chorus 1

Verse 4
    G   **C**
I heard the news today, oh boy
                              G
They hauled your ship up on the shore
                                C
Now the city gone dark, there is no more joy
                                      G
They tore the heart right out and cut it to the core

Chorus 4   As Chorus 1

Verse 5
    G   **C**
Put down your bags and get 'em packed
                              G
Leave right now, you won't be far from wrong
                              C
The sooner you go, the quicker you'll be back
                                 G
You been cooped up on an island far too long

Chorus 5   As Chorus 1

Verse 6
    G   **C**
Slow down, you're moving way too fast
                          G
Come together right now over me
                                          C
Your bones are weary, you're about to breathe your last
                              G
Lord, you know how hard that it can be

Chorus 6   As Chorus 1

Verse 7
G   C
Roll on John, roll through the rain and snow

                                                                       G
Take the right hand road and go where the buffalo roam

                                                        C
They'll trap you in an ambush 'fore you know

                                    G
Too late now to sail back home

Chorus 7   As Chorus 1

Verse 8
G   C
Tyger, tyger, burning bright

                              G
I pray the Lord my soul to keep

            C
In the forest of the night

                              G
Cover him over, and let him sleep

Chorus 8   As Chorus 1

Outro   ‖: G | C | C | G   :‖   *Repeat to fade*

Señor
(Tales Of Yankee Power)

Words & Music by Bob Dylan

  Em F C   G Dm

Am(add9) **Am** **Em** **F** **C** **C/B** **G** **Dm**

Intro ‖: Am(add9) │ Am(add9) │ Am(add9) │ Am(add9) :‖

Verse 1
     Am   **Em**   **F**   **C**
Se - ñor, se - ñor, do you know where we're headin'?
                  C/B   **Am**
Lincoln County Road   or Arma - geddon?
              G   **F**   **Em Dm**
Seems like I been down this way be - fore
              Am
Is there any truth in that, se - ñor?

Verse 2
     Am   **Em**   **F**   **C**
Se - ñor, se - ñor, do you know where she is hidin'?
             C/B   **Am**
How long are we gonna be ridin'?
              G   **F**
How long must I keep my eyes glued to the door?
Em   **Dm**   **Am**
  Will there be any comfort there, se - ñor?

Bridge 1
(Am) **C**   **Em**
There's a wicked wind still blowin' on that upper deck
     F   **Am**
There's an iron cross still hangin' down from a - round her neck
     C   **Em**
There's a marchin' band still playin' in that vacant lot
     F   **Am**
Where she held me in her arms one time and said, "For - get me not"

Verse 3

    Am   Em   F   C
Señor, se - ñor, I can see that painted wagon

                     C/B   Am
I can smell the tail of the dragon

                  G   F
Can't stand the suspense any - more

    Em   Dm   Am
   Can you tell me who to contact here, se - ñor?

Instrumental 1 | Am | Am | Em | Em |

                | F | C | C C/B | Am |

                | Am | G | F | F Em |

                | Dm | Dm | Am | Am   ‖

Bridge 2

(Am)   C   Em
Well, the last thing I remember before I stripped and kneeled

         F   Am
Was that trainload of fools bogged down in a magnetic field

   C   Em
A gypsy with a broken flag and a flashing ring

    F   Am
Said, "Son, this ain't a dream no more, it's the real thing"

Verse 4

    Am   Em   F   C
Se - ñor, se - ñor, you know their hearts is as hard as leather

                  C/B   Am
Well, give me a minute, let me get it together

               G   F
I just gotta pick myself up off the floor

    Em Dm   Am
   I'm ready when you are, se - ñor

Instrumental 2 As Instrumental 1

Verse 5

	Am	Em	F		C

Se - ñor, se - ñor, let's disconnect these cables

   C/B   Am

Over - turn these tables

                              G   F

This place don't make sense to me no more

Em   Dm   Am

Can you tell me what we're waiting for, se - ñor?

Instrumental 3 ‖: Am | Am | Em | Em |

| F | C | C C/B | Am |

| Am | G | F | F Em |

| Dm | Dm | Am | Am :‖

Outro ‖: Am(add9) | Am(add9) | Am(add9) | Am(add9) :‖

Sad-Eyed Lady
Of The Lowlands

Words & Music by Bob Dylan

C   G/B   F/A   Gsus4   G

F   C/E   G/D   Dm   Gsus2

Capo second fret

Intro ‖: C | G/B | F/A | Gsus4 G :‖

Verse 1

           C   G/B   F/A   Gsus4 G
With your mercury mouth in the missionary times
         C   G/B   F/A   Gsus4 G
And your eyes like smoke and your prayers like rhymes
F   C/E   G/D   C
And your silver cross, and your voice like chimes
                 Dm   Gsus4 G   Gsus2 G
Oh, who among them do they think could bury you?

Verse 2

           C   G/B   F/A   Gsus4 G
With your pockets well pro - tected at last
         C   G/B   F/A   Gsus4 G
And your streetcar visions which you place on the grass
       F   C/E   G/D   C
And your flesh like silk, and your face like glass
            Dm   Gsus4 G   Gsus2 G
Who among them do they think could carry you?

Chorus 1

Dm   C   G
Sad-eyed lady of the low - lands
Dm   C   G
Where the sad-eyed prophet says that no man comes
     C   G   F/A   G   F   C/E   Gsus4 G
My ware - house eyes, my Ara - bian drums
Dm   Gsus4 G   Gsus2 G
Should I leave them by your gate?
    Dm   C
Or, sad-eyed lady, should I wait?

                                      G/B   F/A   Gsus4 G

With your sheets like metal and your belt like lace

         C   G/B   F/A   Gsus4 G

And your deck of cards missing the jack and the ace

        F   C/E   G/D   C

And your basement clothes and your hollow face

                     Dm   Gsus4 G   Gsus2 G

Who among them can think he could out - guess you?

        C   G/B F/A   Gsus4 G

With your silhou - ette   when the sunlight dims

C   G/B   F/A   Gsus4 G

Into your eyes where the moonlight swims

F   C/E   G/D   C

And your matchbook songs and your gypsy hymns

                    Dm Gsus4 G   Gsus2 G

Who among them would try to impress you?

Dm   C   G

Sad-eyed lady of the low - lands

Dm   C   G

Where the sad-eyed prophet says that no man comes

      C   G   F/A G F   C/E Gsus4 G

My ware - house eyes, my Ara - bian drums

Dm   Gsus4 G   Gsus2 G

Should I leave them by your gate

     Dm   C

Or, sad-eyed lady, should I wait?

        C   G/B   F/A   Gsus4 G

The kings of Tyrus with their convict list

C   G/B   F/A   Gsus4 G

Are waiting in line for their geranium kiss

F   C/E   G/D   C

And you wouldn't know it would happen like this

                  Dm   Gsus4 G   Gsus2 G

But who among them really wants just to kiss you?

         C   G/B   F/A   Gsus4 G

With your childhood flames on your midnight rug

         C   G/B   F/A   Gsus4 G

And your Spanish manners and your mother's drugs

F   C/E   G/D   C

And your cowboy mouth and your curfew plugs

                  Dm   Gsus4 G   Gsus2 G

Who among them do you think could resist you?

Chorus 3

Dm		C	G

Dm   C   G
Sad-eyed lady of the low - lands

Dm   C   G
Where the sad-eyed prophet says that no man comes

   C G F/A G F C/E Gsus4 G
My ware - house eyes, my Ara - bian drums

Dm   Gsus4 G   Gsus2 G
Should I leave them by your gate

  Dm   C
Or, sad-eyed lady, should I wait?

Verse 5

    C   G/B   F/A   Gsus4 G
Oh, the farmers and the businessmen, they all did de - cide

    C   G/B   F/A   Gsus4 G
To show you the dead angels that they used to hide

    F   C/E G/D   C
But why did they pick you to sympathize with their side?

         Dm   Gsus4 G   Gsus2 G
Oh, how could they ever mis - take you?

    C   G/B   F/A   Gsus4 G
They wished you'd accepted the blame for the farm

    C   G/B   F/A   Gsus4 G
But with the sea at your feet and the phony false a - larm

       F   C/E   G/D   C
And with the child of a hoodlum wrapped up in your arms

         Dm   Gsus4 G   Gsus2 G
How could they ever, ever per - suade you?

Chorus 4

Dm   C   G
Sad-eyed lady of the low - lands

Dm   C   G
Where the sad-eyed prophet says that no man comes

   C G F/A G F C/E Gsus4 G
My ware - house eyes, my Ara - bian drums

Dm   Gsus4 G   Gsus2 G
Should I leave them by your gate

  Dm   C
Or, sad-eyed lady, should I wait?

Verse 6

```
C                        G/B       F/A      Gsus4 G
With your sheet-metal memory of Cannery Row
        C         G/B        F/A              Gsus4 G
And your magazine-husband who one day just had to go
        F         C/E  G/D                         C
And your gentleness now, which you just can't help but show
                     Dm          Gsus4  G  Gsus2 G
Who among them do you think would employ you?
C                        G/B         F/A      Gsus4 G
Now you stand with your thief, you're on his pa - role
        C         G/B             F/A         Gsus4 G
With your holy me - dallion which your fingertips fold
        F       C/E       G/D      C
And your saintlike face and your ghostlike soul
                 Dm          Dm       Gsus4  G    Gsus2 G
Oh, who among them do you think could destroy you?
```

Chorus 5

```
Dm                C    G
Sad-eyed lady of the low - lands
Dm                          C    G
Where the sad-eyed prophets say that no man comes
     C    G   F/A  G  F   C/E Gsus4 G
My ware - house eyes, my Ara - bian drums
Dm                    Gsus4  G    Gsus2 G
Should I leave them by your gate
        Dm                  C
Or, sad-eyed lady, should I wait?
```

Outro

‖: C	G/B	F/A	Gsus4 G
C	G/B	F/A	Gsus4 G
F	C/E	G/D	C
C	Dm	Gsus4 G	Gsus2 G :‖	*Repeat to fade*

Sara

Words & Music by Bob Dylan

Em   Am   D   G   Bm   C

Intro

‖: Em | Am | D | Em :‖

‖: G Bm | C | D | C Em :‖

Verse 1

Em   Am
I laid on a dune, I looked at the sky
D   Em
When the children were babies and played on the beach
                              Am
You came up behind me, I saw you go by
            D   Em
You were always so close and still within reach

Chorus 1

G Bm C
Sara, Sara
D   C   Em
Whatever made you want to change your mind?
G Bm C
Sara, Sara
  D   C   Em
So easy to look at, so hard to define

Verse 2

          Em   Am
I can still see them playin' with their pails in the sand
      D   Em
They run to the water their buckets to fill
                              Am
I can still see the shells fallin' out of their hands
            C   Em
As they follow each other back up the hill

Chorus 2

```
     G  Bm C
     Sara,  Sara
     D                        C        Em
     Sweet virgin angel, sweet love of my life
     G  Bm C
     Sara,  Sara
        D           C        Em
     Radiant jewel, mystical wife
```

Verse 3

```
     Em                       Am
     Sleepin' in the woods by a fire at night
     C                   Em
     Drinkin' white rum in a Portugal bar
                              Am
     Them playin' leapfrog and hearin' about Snow White
     D                       Em
     You in the marketplace in Savanna-la-Mar
```

Chorus 3

```
     G  Bm C
     Sara,  Sara
         D                C     Em
     It's all so clear, I could never forget
     G  Bm C
     Sara,  Sara
     D                              C      Em
     Lovin' you is the one thing I'll never regret
```

Verse 4

```
         Em                            Am
     I can still hear the sounds of those Methodist bells
         D                     Em
     I'd taken the cure and had just gotten through
                            Am
     Stayin' up for days in the Chelsea Hotel
            D                     Em
     Writin' "Sad-Eyed Lady of the Lowlands" for you
```

Chorus 4

G Bm C
Sara, Sara
D   **C**   **Em**
Wherever we travel we're never apart
G Bm C
Sara, oh Sara
D   **C**   **Em**
Beautiful lady, so dear to my heart

Verse 5

Em   **Am**
How did I meet you? I don't know
D   **Em**
A messenger sent me in a tropical storm
                                  Am
You were there in the winter, moonlight on the snow
         D   **Em**
And on Lily Pond Lane when the weather was warm

Chorus 5

G Bm   C
Sara, oh Sara
D   **C**   **Em**
Scorpio Sphinx in a calico dress
G Bm C
Sara, Sara
D   **C**   **Em**
You must forgive me my unworthiness

Verse 6

          Em   **Am**
Now the beach is deserted except for some kelp
          D   **Em**
And a piece of an old ship that lies on the shore
                    Am
You always responded when I needed your help
      D   **Em**
You gimme a map and a key to your door

Chorus 6

G Bm C
Sara, oh Sara
D   **C**   **Em**
Glamorous nymph with an arrow and bow
G Bm C
Sara, oh Sara
D   **C**   **Em**
Don't ever leave me, don't ever go

Outro

‖: **Em** | **Am** | **D** | **Em**   :‖

‖: **G Bm** | **C** | **D** | **C Em**   :‖

Series Of Dreams

Words & Music by Bob Dylan

C   G   F   Am

Intro   ‖: C | C | C | C   :‖   *Play 3 times*

Verse 1
        C   G   C
I was thinking of a series of dreams
               G   C
Where nothing comes up to the top
            G   C
Everything   stays down where it's wounded
                     F
And comes to a permanent stop
     C
Wasn't thinking of anything specific

                                   F
Like in a dream, when someone wakes up and screams
     C
Nothing too very scientific
         G   C
Just thinking of a series of dreams

Verse 2
   C   G   C
Thinking of a series of dreams
            G   C
Where the time   and the tempo fly
              G   C
And there's no exit   in any direction
                              F
'Cept the one that you can't see with your eyes

          C
Wasn't making any great connection

                         F
Wasn't falling for any intricate scheme

      C
Nothing that would pass inspection

          G   C
Just thinking of a series of dreams

Bridge 1

Am   F   C
Dreams where the umbrella is folded

Am F   C
Into   the path you are hurled

            Am   F   C
And the cards are no good that you're holding

                    G
Unless they're from another world

Verse 3

      C   G   C
In one, numbers were burning

              G   C
In another, I witnessed a crime

             G   C
In one, I was running, and in another

                      F
All I seemed to be doing was climb

          C
Wasn't looking for any special assistance

                      F
Not going to any great extremes

      C
I'd already gone the distance

          G   C
Just thinking of a series of dreams

Bridge 2

Am   F   C
Dreams where the umbrella is folded

Am F   C
Into   the path you are hurled

            Am   F   C
And the cards are no good that you're holding

                    G
Unless they're from another world

Link 1 | C | G | C | C |

| C | C | F | F |

       C
I'd already gone the distance
         G   **C**
Just thinking   of a series of dreams

Link 2 | C | G | C | C |

         G   **C**
Just thinking   of a series of dreams
         G   **C**
Just thinking   of a series of dreams

Coda | C | C | F | F |

| C | C | C | C |

| C | C | F | F ‖ *To fade*

Simple Twist Of Fate

Words & Music by Bob Dylan

(chord diagrams: E, Emaj⁷, E⁷, A/E, Am, E*, E(add9)/D♯, B11, A(add9)/E)

⑥ = E   ③ = G♯
⑤ = B   ② = B
④ = E   ① = E

Intro

| E | Emaj⁷ | E⁷ | A/E |

| Am | E* E(add9)/D♯ A/E | E* B11 | E* ||

Verse 1

E
   They sat together in the park
Emaj⁷
   As the evening sky grew dark
E⁷   A/E   A(add9)/E
   She looked at him and he felt a spark tingle to his bones
Am   E*   E(add9)/D♯ A/E
   'Twas then he felt alone and wished that he'd gone straight
     E*   B11   E*
And watched out for a simple twist of fate

Verse 2

E
   They walked along by the old canal
Emaj⁷
   A little confused, I remember well
E⁷   A/E
   And stopped into a strange hotel with a neon burnin' bright
        Am   E*   E(add9)/D♯ A/E
He felt the heat of the night hit him like a   freight train
E*   B11   E*
Moving with a simple twist of fate

Verse 3

E
A saxophone someplace far off played

Emaj7
As she was walkin' by the arcade

E7   **A/E**
As the light bust through a beat-up shade where he was wakin' up

　　　Am   **E***   **E(add9)/D♯** **A/E**
She dropped a coin into the cup of a blind man at the　　gate

E*   **B11**   **E***
And forgot about a simple twist of fate

Solo

| E | Emaj7 | E7 | A/E |

| Am | E* E(add9)/D♯ A/E | E* B11 | E* ‖

Verse 4

E
He woke up, the room was bare

Emaj7
He didn't see her anywhere

E7   **A/E**
He told himself he didn't care, pushed the window open wide

　　　Am   **E***   **E(add9)/D♯** **A/E**
Felt an emptiness inside to which he just could not　　relate

E*   **B11**   **E***
Brought on by a simple twist of fate

Verse 5

E
He hears the ticking of the clocks

Emaj7
And walks along with a parrot that talks

E7   **A/E**
Hunts her down by the waterfront docks where the sailors all come

　　　Am   **E***   **E(add9)/D♯** **A/E**
Maybe she'll pick him out again, how long must he　　wait

E*   **B11**   **E***
Once more for a simple twist of fate

Verse 6

E
   People tell me it's a sin

Emaj7
   To know and feel too much within

E7   A/E
   I still believe she was my twin, but I lost the ring

Am   E*   E(add9)/D♯ A/E
She was born in spring, but I was born too   late

E*   B11   E*
   Blame it on a simple twist of fate

Coda

| E | Emaj7 | E7 | A/E | |
| Am | E* E(add9)/D♯ A/E | E* B11 | E* | ‖ |

219

She Belongs To Me

Words & Music by Bob Dylan

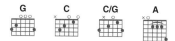

Capo second fret

Intro

| G   ‖

Verse 1

            G
She's got everything she needs
       C   **G**   **C/G** **G**
She's an artist, she don't look back
       C
She's got everything she needs
                     G   **C/G** **G**
She's an artist, she don't look back
            A
She can take the dark out of the nighttime
    C   **G**   **C/G** **G**
And   paint the daytime black

Verse 2

           G
You will start out standing
C   **G**   **C/G** **G**
Proud to steal her anything she sees
       C
You will start out standing
                     G   **C/G** **G**
Proud to steal her anything she sees
          A   **C**
But you will wind up peeking through her keyhole
            G   **C/G** **G**
Down upon your knees

Verse 3
         G
She   never stumbles
      C   **G**   **C/G** **G**
She's got no place to fall
      C
She never stumbles
              G   **C/G** **G**
She's got no place to fall
         A
She's nobody's child
     C   **G**   **C/G** **G**
The Law can't touch her at all

Link | **G** | **C** | **G** **C/G** | **G** | **C** | **C** |

          | **G** **C/G** | **G** | **A** | **C** | **G** **C/G** | **G** ||

              G
Verse 4 She wears an Egyptian ring
       C   **G**   **C/G** **G**
It sparkles before she speaks
              C
She wears an Egyptian ring
              G   **C/G** **G**
It sparkles before she speaks
          A
She's a hypnotist collector
      C   **G**   **C/G** **G**
You are a walking antique

          G
Verse 5 Bow down to her on Sunday
       C   **G**   **C/G** **G**
Salute her when her birthday comes
       C
Bow down to her on Sunday
               G   **C/G** **G**
Salute her when her birthday comes
         A
For Halloween give her a trumpet
       C   **G**   **C/G** **G**
And for Christmas, buy her a drum

Coda | **G** | **C** | **G** **C/G** | **G** ||
                                     Fade out

Shelter From The Storm

Words & Music by Bob Dylan

D   A6(add4)/C♯   G/D

fr4

⑥ = D   ③ = F♯
⑤ = A   ② = A
④ = D   ① = D

Intro   ‖: D | D | D | D   :‖

Verse 1

    D   A6(add4)/C♯ G/D   D
'Twas in another lifetime,   one of toil and blood
                     A6(add4)/C♯   G/D
When blackness was a virtue and the road was full of mud
      D   A6(add4)/C♯   G/D
I came in from the wilderness, a creature void of form
         D   A6(add4)/C♯ G/D   (D)
"Come in," she said, "I'll give you   shelter from the storm"

Link 1 | D | A6(add4)/C♯ | G/D | D |

          | D | A6(add4)/C♯ | G/D | D   ‖

Verse 2

    D   A6(add4)/C♯G/D   D
And if I pass this way again, you can rest as - sured
                A6(add4)/C♯   G/D
I'll always do my best for her, on that I give my word
    D   A6(add4)/C♯   G/D
In a world of steel-eyed death, and men who are fighting to be warm
       D   A6(add4)/C♯ G/D   (D)
"Come in," she said, "I'll give you   shelter from the storm"

Link 2 | D | A6(add4)/C♯ | G/D | D   ‖

Verse 3

```
D                          A6(add4)/C♯        G/D          D
Not a word was spoke be - tween us, there was little risk in - volved
        A6(add4)/C♯      G/D
Everything up to that point had been left unresolved
D                 A6(add4)/C♯         G/D
   Try imagin - ing a place where it's always safe and warm
         D                 A6(add4)/C♯ G/D           (D)
"Come in," she said, "I'll give you    shelter from the storm"
```

Link 3 As Link 1

Verse 4

```
D                          A6(add4)/C♯ G/D          D
I was burned out from ex - haustion,    buried in the hail
          A6(add4)/C♯          G/D
Poisoned in the bushes an' blown out on the trail
D                 A6(add4)/C♯   G/D
   Hunted like a crocodile, ra - vaged in the corn
         D                 A6(add4)/C♯ G/D           (D)
"Come in," she said, "I'll give you    shelter from the storm"
```

Link 4 As Link 1

Verse 5

```
D            A6(add4)/C♯        G/D            D
Suddenly I turned around and she was standin' there
            A6(add4)/C♯           G/D
With silver bracelets on her wrists and flowers in her hair
     D                      A6(add4)/C♯    G/D
She walked up to me so gracefully and took my crown of thorns
         D                 A6(add4)/C♯ G/D           (D)
"Come in," she said, "I'll give you    shelter from the storm"
```

Link 5 As Link 1

Verse 6

```
D                     A6(add4)/C♯ G/D               D
Now there's a wall be - tween us,    somethin' there's been lost
              A6(add4)/C♯ G/D
I took too much for granted,    got my signals crossed
     D                 A6(add4)/C♯   G/D
Just to think that it all began on a long-forgotten morn
         D                 A6(add4)/C♯ G/D           (D)
"Come in," she said, "I'll give you    shelter from the storm"
```

Link 6   As Link 1

Verse 7

    D   **A6(add4)/C♯**   **G/D**   **D**
Well, the deputy walks on hard nails and the preacher rides a mo

                   A6(add4)/C♯   **G/D**
But nothing really matters much, it's doom alone that counts

    D   **A6(add4)/C♯ G/D**
And the one-eyed under - taker, he   blows a futile horn

    D   **A6(add4)/C♯ G/D**   **(D)**
"Come in," she said, "I'll give you   shelter from the storm"

Link 7   As Link 1

Verse 8

    D   **A6(add4)/C♯ G/D**   **D**
I've heard newborn babies wailin' like a mournin' dove

                A6(add4)/C♯ G/D
And old men with broken teeth stranded without love

    D   **A6(add4)/C♯**   **G/D**
Do I understand your question, man, is it hopeless and forlorn?

    D   **A6(add4)/C♯ G/D**   **(D)**
"Come in," she said, "I'll give you   shelter from the storm"

Link 8   As Link 1

Verse 9

    D   **A6(add4)/C♯ G/D**   **D**
In a little hilltop village, they gambled for my clothes

                A6(add4)/C♯   **G/D**
I bargained for sal - vation an' they gave me a lethal dose

    D   **A6(add4)/C♯**   **G/D**
I offered up my innocence and got repaid with scorn

    D   **A6(add4)/C♯ G/D**   **(D)**
"Come in," she said, "I'll give you   shelter from the storm"

Link 9   As Link 1

Verse 10

| D | | A6(add4)/C♯ | G/D | | D |

Well, I'm livin' in a foreign country but I'm bound to cross the line

A6(add4)/C♯ G/D

Beauty walks a razor's edge, some - day I'll make it mine

D A6(add4)/C♯ G/D

If I could only turn back the clock to when God and her were born

D A6(add4)/C♯ G/D (D)

"Come in," she said, "I'll give you   shelter from the storm"

Outro

| D | A6(add4)/C♯ | G/D | D | |

| A6(add4)/C♯ | G/D | G/D | |

| D | A6(add4)/C♯ | G/D | G/D | |

| D | A6(add4)/C♯ | G/D | G/D | |

| D | A6(add4)/C♯ | G/D | D | |

| D | A6(add4)/C♯ | G/D | G/D | |

| D | A6(add4)/C♯ | G/D | G/D | |

| D | A6(add4)/C♯ | G/D | G/D | |

| D | A6(add4)/C♯ | G/D | G/D | D | ‖

Shooting Star

Words & Music by Bob Dylan

[Chord diagrams: C, Em7, F, G, Am, Am(maj7), Am7, Am6, G13sus4]

Capo fourth fret

Intro

| C Em7 | F C | C Em7 | F |

| F G | C F | C Em7 | F C ‖

Verse 1

     C   Em7
Seen a shooting star tonight
F   C
  And I thought of you

                                 Em7
You were trying to break into another world
F
A world I never knew
                      G
I always kind of wondered
            C   F
If you ever made it through
          C   Em7
Seen a shooting star tonight
        F   C
And I thought of you

Link

| C Em7 | F C ‖

Verse 2

     C   Em7
Seen a shooting star tonight
F   C
  And I thought of me

If I was still the same
      Em7   F
If I ever became what you wanted me to be

226

cont.
                G
Did I miss the mark or overstep the line
C   **F**
   That only you could see?
C
Seen a shooting star tonight
Em⁷   **F**   **C**
   And I thought of me

Bridge
Am   **Am(maj⁷)**
Listen to the engine, listen to the bell
Am⁷   **Am⁶**
   As the last fire truck   from hell
F
   Goes rolling by
G   **C**
All good people are praying
    Am   **Am(maj⁷)**
It's the last temptation, the last account
    Am⁷   **Am⁶**
The last time you might hear the sermon on the mount
F   **G¹³sus⁴**
   The last radio is playing

Verse 3
     C   **Em⁷**
Seen a shooting star tonight
F   **C**
   Slip away

         Em⁷
Tomorrow will be
F
   Another day
                   G
Guess it's too late to say the things to you
     C   **F**
That you needed to hear me say
    C   **Em⁷**
 Seen a shooting star tonight
F   **C**
   Slip away

Coda | **C** **Em⁷** | **F** **C** | **C** **Em⁷** | **F** |

            | **F** **G** | **C** **F** | **C** **Em⁷** | **F** **C** ‖

Spanish Harlem Incident

Words & Music by Bob Dylan

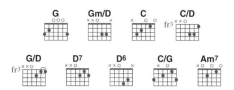

Intro | G Gm/D C | C   G | G   ‖

Verse 1

Gm/D C   G
Gypsy gal, the hands of Harlem

Gm/D C   G
Cannot hold you to its heat

   Gm/D   C   G
Your tempera - ture's too hot for tam - ing

   Gm/D C   G
Your flaming feet burn up the street

C/D G/D   C/D   G
I am homeless, come and take me

C/D G/D   G   D7
Into reach of your rattling drums

     G   C   D6 D7 G
Let me know, babe,   all a - bout my fortune

     C   D6   D7 (G)
Down a - long my rest - less palms

Link 1 | G   C/G | D6   D7 G | G   C/G | D6   D7 G |

| G   C | G   ‖

Verse 2

Gm/D C   **G**
Gypsy gal, you got me swallowed

Gm/D C   **G**
I have fallen far be - neath

      Gm/D Am7   **C**   **G**
Your pearly eyes, so fast an' slashing

       Gm/D   **C**   **G**
An' your flashing diamond teeth

     C/D   **G/D**   **C/D**   **G**
The night is pitch black, come an' make my

C/D   **G/D**   **C/D**   **D7**
Pale face fit into place, ah, please!

       G   **C**   **D6**   **D7 G**
Let me know, babe,   I'm near - ly   drowning

       C   **D6**   **D7** **(G)**
If it's you my life - lines trace

Link 2 | **G**   **C/G** | **D6**   **D7 G** | **G**   **C/G** | **D6**   **D7 G** ‖

Verse 3

Gm/D C   **G**
I been wond'rin' all a - bout me

Gm/D C   **G**
Ever   since I seen you there

      Gm/D   **C**   **G**
On the cliffs of your wildcat charms I'm riding

        Gm/D   **C**   **G**
I know I'm 'round you but I don't know where

C/D   **G/D**   **C/D**   **G**
You have slayed me, you have made me

C/D   **G/D**   **C/D**   **D7**
I got to laugh half - ways off my heels

     G   **C**   **D6** **D7**   **G**
I got to know, babe,   will you sur - round me?

      C   **D6**   **D7 G**   **C/G G**
So I can know if I'm real - ly real

Stuck Inside Of Mobile With The Memphis Blues Again

Words & Music by Bob Dylan

| Intro | | E | | E | | E | | E | ‖ |

Verse 1

E   C♯m
Oh, the ragman draws circles

E   C♯m
Up and down the block

E   C♯m
I'd ask him what the matter was

      A   B7
But I know that he don't talk

        A   E
And the ladies treat me kindly

      C♯m   E
And furnish me with tape

      C♯m   E
But deep inside my heart

  A   E
I know I can't escape

Chorus 1

G♯m
Oh, Mama, can this really be the end

      E   E/D♯   C♯m B
To be stuck inside of Mobile

        A   B7   E
With the Memphis blues again

Verse 2

E   C♯m
Well, Shakespeare, he's in the alley

        E   C♯m
With his pointed shoes and his bells

E   C♯m
Speaking to some French girl

A   B7
Who says she knows me well

cont.

    A   **E**
And I would send a message
  C#m   **E**
To find out if she's talked
    C#m   **E**
But the post office has been stolen
     A   **E**
And the mailbox box is locked

Chorus 2

G#m
Oh, Mama, can this really be the end
   E **E/D#**   **C#m B**
To be stuck inside of Mobile
    A   **B7**   **E**
With the Memphis blues again

Verse 3

E   **C#m**
Mona tried to tell me
   E   **C#m**
To stay away from the train line
   E   **C#m**
She said that all the railroad men
   A   **B7**
Just drink up your blood like wine
     A   **E**
An' I said, "Oh, I didn't know that
   C#m   **E**
But then again, there's only one I've met
C#m   **E**
An' he just smoked my eyelids
A   **E**
An' punched my cigarette"

Chorus 3

G#m
Oh, Mama, can this really be the end
   E **E/D#**   **C#m B**
To be stuck inside of Mobile
    A   **B7**   **E**
With the Memphis blues again

Verse 4

E   C♯m
Grandpa died last week
E   C♯m
And now he's buried in the rocks
E   C♯m
But everybody still talks about
      A   B7
How badly they were shocked
   A   E
But me, I expected it to happen
 C♯m   E
I knew he'd lost control
      C♯m   E
When he built a fire on Main Street
      A   E
And shot it full of holes

Chorus 4

G♯m
Oh, Mama, can this really be the end
     E   E/D♯   C♯m B
To be stuck inside of Mobile
        A   B7   E
With the Memphis blues again

Verse 5

E   C♯m
Now the senator came down here
       E   C♯m
Showing ev'ryone his gun
A   C♯m
Handing out free tickets
    A   B7
To the wedding of his son
   A   E
An' me, I nearly got busted
  C♯m   E
An' wouldn't it be my luck
    C♯m   E
To get caught without a ticket
      A   E
And be discovered beneath a truck

Chorus 5

G#m
Oh, Mama, can this really be the end
       E   **E/D#**   **C#m B**
To be stuck inside of Mobile
         A   **B7**   **E**
With the Memphis blues again

Verse 6

E   **C#m**
Now the preacher looked so baffled
     E   **C#m**
When I asked him why he dressed
     E   **C#m**
With twenty pounds of headlines
A   **B7**
Stapled to his chest
       A   **E**
But he cursed me when I proved it to him
    C#m   **E**
Then I whispered, "Not even you can hide
    C#m   **E**
You see, you're just like me
  A   **E**
I hope you're satisfied"

Chorus 6

G#m
Oh, Mama, can this really be the end
       E   **E/D#**   **C#m B**
To be stuck inside of Mobile
         A   **B7**   **E**
With the Memphis blues again

Verse 7

E   **C♯m**
Now the rainman gave me two cures

     E   **C♯m**
Then he said, "Jump right in"

      E   **C♯m**
The one was Texas medicine

      A   **B7**
The other was just railroad gin

      A   **E**
An' like a fool I mixed them

     C♯m   **E**
An' it strangled up my mind

     C♯m   **E**
An' now people just get uglier

      A   **E**
An' I have no sense of time

Chorus 7

G♯m
Oh, Mama, can this really be the end

     E   **E/D♯**   **C♯m B**
To be stuck inside of Mobile

       A   **B7**   **E**
With the Memphis blues again

Verse 8

E   **C♯m**
When Ruthie says come see her

    E   **C♯m**
In her honky-tonk lagoon

           E   **C♯m**
Where I can watch her waltz for free

A   **B7**
'Neath her Panamanian moon

A   **E**
An' I say, "Aw come on now

     C♯m   **E**
You must know about my debutante"

         C♯m   **E**
An' she says, "Your debutante just knows what you need

     A   **E**
But I know what you want"

Chorus 8

G#m
Oh, Mama, can this really be the end
          E   E/D#   C#m B
To be stuck inside of Mobile
              A   B7   E
With the Memphis blues again

Verse 9

E   C#m
Now the bricks lay on Grand Street
          E   C#m
Where the neon madmen climb
          E   C#m
They all fall there so perfectly
     A   B7
It all seems so well timed
     A   E
An' here I sit so patiently
C#m   E
Waiting to find out what price
C#m   E
You have to pay to get out of
     A   E
Going though all these things twice

Chorus 9

G#m
Oh, Mama, can this really be the end
          E   E/D#   C#m B
To be stuck inside of Mobile
              A   B7   E
With the Memphis blues again

Outro | E | E | E | E |

           | E   D#m♭5 | C#m7 B | A   A(add9) | E ||

Subterranean Homesick Blues

Words & Music by Bob Dylan

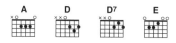

Intro | A | A | A D | A D | A D | A D ‖

Verse 1

A   **D** **A**   **D**
Johnny's in the basement mixing up the medicine

A   **D** **A**   **D**
I'm on the pavement thinking about the government

   A   **D** **A**   **D**
The man in the trench coat, badge out, laid off

A   **D**   **A**
Says he's got a bad cough, wants to get it paid off

D7
Look out kid, it's somethin' you did

A   **D**   **A**
God knows when but you're doin' it again

    D **A**   **D**
You better duck down the alley way

A   **D**
Lookin' for a new friend

      E
The man in the coon-skin cap by the big pen

     A   **D**
Wants eleven dollar bills

A
You only got ten

Link 1 | A D | A D | A D | A D ‖

Verse 2

```
A                   D   A                    D
Maggie comes fleet foot, face full of black soot
A                   D   A                D
Talkin' that the heat put plants in the bed but
    A               D   A                        D
The phone's tapped anyway. Maggie says that many say
    A               D   A
They must bust in early May, orders from the D. A.
D7
Look out kid, don't matter what you did
A               D   A              D
Walk on your tiptoes, don't try "No-Doz"
A               D           A
Better stay away from those that carry around a fire hose
E
   Keep a clean nose, watch the plain clothes
    A                   D
You don't need a weatherman
        A
To know which way the wind blows
```

Link 2

```
| A   D  | A   D  | A   D  | A   D  ‖
```

Verse 3

```
    A               D   A                    D
Get sick, get well, hang around a ink well
A               D       A                    D
Ring bell, hard to tell if anything is goin' to sell
A           D       A               D
Try hard, get barred, get back, write braille
A               D   A
Get jailed, jump bail, join the army, if you fail
D7
Look out kid, you're gonna get hit
        A           D   A           D
But users, cheaters, six-time losers
A                       D
Hang around the theaters
E
Girl by the whirlpool lookin' for a new fool
A               D
Don't follow leaders
A
Watch the parkin' meters
```

Link 3

```
| A   D  | A   D  | A   D  | A   D  ‖
```

237

Verse 4

    A   **D**
Ah get born, keep warm

A   **D**   **A**
Short pants, romance, learn to dance

       D   **A**   **D** **A**
Get dressed, get blessed, try to be a success

       D **A**   **D**
Please her, please him, buy gifts

A
Don't steal, don't lift

Twenty years of schoolin'

D   **A**
And they put you on the day shift

D7
Look out kid, they keep it all hid

       A   **D** **A**   **D**
Better jump down a manhole, light yourself a candle

A   **D** **A**
Don't wear sandals, try to avoid the scandals

E
   Don't wanna be a bum, you better chew gum

    A   **D**
The pump don't work

       A
'Cause the vandals took the handles

Coda   **‖: A D | A D :‖** *Repeat to fade*

The Times They Are A-Changin'

Words & Music by Bob Dylan

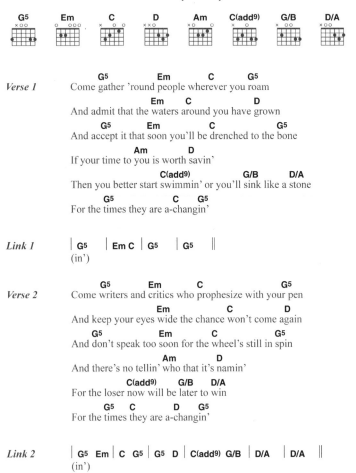

Verse 1

G5   Em   C   G5
Come gather 'round people wherever you roam
               Em   C   D
And admit that the waters around you have grown
        G5   Em   C   G5
And accept it that soon you'll be drenched to the bone
              Am   D
If your time to you is worth savin'
               C(add9)   G/B   D/A
Then you better start swimmin' or you'll sink like a stone
        G5   C   G5
For the times they are a-changin'

Link 1

| G5 | Em C | G5 | G5 ||
(in')

Verse 2

        G5   Em   C   G5
Come writers and critics who prophesize with your pen
             Em   C   D
And keep your eyes wide the chance won't come again
       G5   Em   C   G5
And don't speak too soon for the wheel's still in spin
               Am   D
And there's no tellin' who that it's namin'
          C(add9)   G/B   D/A
For the loser now will be later to win
        G5   C   D   G5
For the times they are a-changin'

Link 2

| G5 Em | C G5 | G5 D | C(add9) G/B | D/A | D/A ||
(in')

Verse 3

     G5   Em   C   G5
Come senators, congressmen, please heed the call

             Em   C   D
Don't stand in the doorway, don't block up the hall

    G5   Em   C   G5
For he that gets hurt will be he who has stalled

         Am   D
There's a battle outside and it is ragin'

                 C(add9)   G/B   D/A
It'll soon shake your windows and rattle your walls

       G5   C   D   G5
For the times they are a-changin'

Link 3

 | G5 | D C(add9)| D G5 ‖
(in')

Verse 4

     G5   Em   C   G5
Come mothers and fathers throughout the land

            Em   C   D
And don't criticize what you can't understand

    G5   Em   C   G5
Your sons and your daughters are beyond your command

        Am   D
Your old road is rapidly agin'

                 C(add9)   G/B   D/A
Please get out of the new one if you can't lend your hand

       G5   D   G5
For the times they are a-changin'

Link 4

 | G5 | Em C | G5 | D C(add9)|
(in')

 | G/B D/A | D/A G5 | C D | G5 | G5   ‖

Verse 5

G5   Em   C   G5
The line it is drawn, the curse it is cast

     Em   C   D
The slow one now will later be fast

    G5 Em   C   G5
As the present now will later be past

      Am   D
The order is rapidly fadin'

        C(add9) G/B D/A
And the first one now will later be last

     G5 Em   D   G5
For the times they are a-changin'

Coda | G5 | Em C | G5 | Em C ‖
        (in')

Talkin' Bear Mountain Picnic Massacre Blues

Words & Music by Bob Dylan

Intro | D | G   ‖

Verse 1

G   C
Well, I saw it adver - tised one day
D
Bear Mountain picnic was comin' my way
G   C
   "Come along 'n' take a trip
     D
We'll bring you up there on a ship
G
   Bring the wife and kids
C   D
   Bring the whole family"

Yippee!

Link 1 | G | C | D | D |

                  | G | G   ‖

Verse 2

G   C
Well, I run right down 'n' bought a ticket
       D
To this Bear Mountain Picnic
   G   C
But little did I rea - lize
           D
I was in for a picnic surprise
       G
Had nothin' to do with mountains
C   D
   I didn't even come close to a bear

Link 2   As Link 1

Verse 3
```
G                              C
Took the wife 'n' kids down to the pier
D
Six thousand people there
        G                        C
Every - body had a ticket for the trip
        D                            G
"Oh well," I said, "It's a pretty big ship
C                          D
  Besides, anyway, the more the merrier"
```

Link 3   As Link 1

Verse 4
```
G                    C
Well, we all got on 'n' what d'ya think
        D
That big old boat started t' sink
G                  C
  More people kept a - pilin' on
        D                            G
That old ship was a-slowly goin' down
C
  Funny way t' start a picnic
```

Link 4 | D | D | G | G   ‖

Verse 5
```
G                            C
Well, I soon lost track of m' kids 'n' wife
        D
So many people there I never saw in m' life
        G                    C
That old ship sinkin' down in the water
        D
There were six thousand people tryin' t' kill each other
G                  C
  Dogs a-barkin', cats a-meowin'

Women screamin', fists a-flyin', babies cryin'

Cops a-comin', me a-runnin'
D
  Maybe we just better call off the picnic
```

243

Link 5	As Link 1

Verse 6

G   C
I got shoved down 'n' pushed around
                D
All I could hear there was a screamin' sound
G   C
Don't remember one thing more
       D
Just re - member wakin' up on a little shore
G
  Head busted, stomach cracked
D
Feet splintered, I was bald, naked...

Quite lucky to be alive though

Link 6   As Link 1

Verse 7

G   C
Feelin' like I climbed outa m' casket
  D
I grabbed back hold of m' picnic basket
      G   C
Took the wife 'n' kids 'n' started home
         D   G
Wishin' I'd never got up that morn

Verse 8

G   C
Now, I don't care just what you do
        D
If you wanta have a picnic, that's up t' you
      G   C
But don't tell me about it, I don't wanta hear it
           D   G
'Cause, see, I just lost all m' picnic spirit
C   D
  Stay in m' kitchen,   have m' own picnic...

In the bathroom

Link 7   As Link 1

Verse 9

G   C
Now, it don't seem to me quite so funny
         D
What some people are gonna do f'r money
         G   C
There's a bran' new gimmick every day
         D   G
Just t' take somebody's money away
C
  I think we oughta take some o' these people
D
  And put 'em on a boat, send 'em up to Bear Mountain…

For a picnic

Outro

| G | C | D | D |

| G | C | D | D |

| G | G   ‖

Tangled Up In Blue

Words & Music by Bob Dylan

A   Asus4   A*   G6/A   D   E   F♯m   G

Intro | A Asus4 | A Asus4 | A Asus4 | A Asus4 ||

Verse 1

```
A*                  G6/A              A*           G6/A
Early one mornin' the sun was shinin', I was layin' in bed
A*                  G6/A          D
Wond'rin' if she'd changed at all, if her hair was still red
A*                    G6/A            A*              G6/A
Her folks they said our lives together sure was gonna be rough
     A*                    G6/A
They never did like Mama's homemade dress
       D
Papa's bankbook wasn't big enough
     E                    F♯m                A              D
And I was standin' on the side of the road, rain fallin' on my shoes
E                        F♯m
   Heading out for the East Coast
      A                    D             E
Lord knows I've paid some dues gettin' through
G        D      A      Asus4
Tangled up in blue
```

| A Asus4 | A Asus4 | A Asus4 ||

Verse 2

```
A*                        G6/A        A*        G6/A
She was married when we first met,   soon to be divorced
A*                     G6/A                D
   I helped her out of a jam, I guess, but I used a little too much force
A*                 G6/A             A*              G6/A
We drove that car as far as we could, abandoned it out West
A*          G6/A                 D
   Split up on a dark sad night both agreeing it was best
```

nt.

```
E                    F#m              A              D
She turned around to look at me as I was walkin' away
E                    F#m
   I heard her say over my shoulder
        A              D                  E
"We'll meet again someday on the avenue"
G      D     A     Asus4
Tangled up in blue
```

```
| A    Asus4 | A    Asus4 | A    Asus4 ||
```

erse 3

```
A*                  G6/A                A*                  G6/A
I had a job in the great north woods working as a cook for a spell
        A*              G6/A                D
But I never did like it all that much and one day the ax just fell
        A*              G6/A                A*                  G6/A
So I drifted down to New Orleans where I happened to be employed
A*                  G6/A                D
Workin' for a while on a fishin' boat right outside of Delacroix
E                    F#m              A              D
But all the while I was alone the past was close behind
E                    F#m              A              D              E
I seen a lot of women but she never escaped my mind, and I just grew
G      D     A     Asus4
Tangled up in blue
```

```
| A    Asus4 | A    Asus4 | A    Asus4 ||
```

erse 4

```
A*                      G/6A                A*                  G6/A
She was workin' in a topless place and I stopped in for a beer
        A*                  G6/A                D
I just kept lookin' at the side of her face in the spotlight so clear
        A*              G6/A
And later on as the crowd thinned out
        A*              G6/A
I's just about to do the same
            A*              G6/A
She was standing there in back of my chair
        D
Said to me, "Don't I know your name?"
E                        F#m
I muttered somethin' underneath my breath
        A                D
She studied the lines on my face
```

247

cont.

```
          E                      F♯m
I must admit I felt a little uneasy
                A                   D            E
When she bent down to tie the laces of my shoe
G         D      A      Asus4
Tangled up in blue
```

| A   Asus4 | A   Asus4 | A   Asus4 ||

Verse 5

```
A*                  G6/A                A*            G6/A
She lit a burner on the stove and offered me a pipe
A*                  G6/A
"I thought you'd never say hello," she said
        D
"You look like the silent type"
              A*          G6/A              A*            G6/A
Then she opened up a book of poems and handed it to me
A*          G6/A                D
Written by an Italian poet from the thirteenth century
          E                      F♯m
And every one of them words rang true
          A                   D
And glowed like burnin' coal
E                  F♯m
Pourin' off of every page
              A             D            E
Like it was written in my soul from me to you
G         D      A      Asus4
Tangled up in blue
```

| A   Asus4 | A   Asus4 | A   Asus4 ||

Verse 6

```
        A*                  G6/A
I lived with them on Montague Street
        A*              G6/A
In a basement down the stairs
                A*              G6/A
There was music in the cafés at night
              D
And revolution in the air
          A*          G6/A
Then he started into dealing with slaves
          A*                  G6/A
And something inside of him died
A*                  G6/A                      D
She had to sell everything she owned and froze up inside
```

cont.

     E   F#m   A   D
And when finally the bottom fell out I became withdrawn

     E   F#m
The only thing I knew how to do

     A   D   E
Was to keep on keepin' on like a bird that flew

G   D   A   Asus4
Tangled up in blue

| A   Asus4 | A   Asus4 | A   Asus4 ‖

Verse 7

     A*   G6/A   A*   G6/A
So now I'm goin' back again, I got to get to her somehow

A*   G6/A   D
All the people we used to know they're an illusion to me now

A*   G6/A A*   G6/A
Some are mathematicians, some are carpenters' wives

     A*   G6/A
Don't know how it all got started

     D
I don't know what they're doin' with their lives

     E   F#m   A   D
But me, I'm still on the road headin' for another joint

E   F#m
We always did feel the same

     A   D   E
We just saw it from a different point of view

G   D   A   Asus4
Tangled up in blue

| A   Asus4 | A   Asus4 | A   Asus4 ‖

Coda

‖: A* G6/A | A* G6/A | A* G6/A | D   :‖

| E   F#m | A   D | E   F#m | A   D |

| E | G D A ‖

Tears Of Rage

Words & Music by Bob Dylan & Richard Manuel

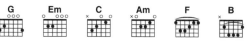

Capo second fret

Verse 1

    G   Em
   We carried you in our arms
    C   Am
On Independence Day
  G F   C
   And now you'd throw us all aside
          G
And   put us on our way
                            Em
Oh what dear daughter 'neath the sun
      C   Am
Would   treat a father so
 G   F   C
To   wait upon him hand and foot
          G
And always tell him, "No?"

Chorus 1

  B   Em
   Tears of rage,   tears of grief
C   G
   Why must I always be the thief?
B
   Come to me now, you know
    Em
We're   so alone
C   Am   G
   And life is brief

Verse 2

    G   Em
We pointed out the way to go
        C   Am
And   scratched your name in sand
G F   C
   Though you just thought it was nothing more
        G
Than a place for you to stand

cont.

                                                          Em

Now, I want you to know that while we watched

           C   **Am**

You dis - cover there was no one true

G   **F**   **C**

Most ev'rybody really thought

       G

It was a childish thing to do

Chorus 2

B   **Em**

Tears of rage,   tears of grief

C   **G**

Must I always be the thief?

B

Come to me now, you know

    Em

We're   so low

C   **Am**   **G**

And life is brief

Verse 3

G   **Em**

It was all very pain - less

      C   **Am**

When you went out to receive

G F   **C**

All that false in - struction

      G

Which we never could believe

                       Em

And now the heart is filled with gold

C   **Am**

As if it was a purse

G   **F**   **C**

But, oh, what kind of love is this

      G

Which goes from bad to worse?

Chorus 3   As Chorus 2

Things Have Changed

Words & Music by Bob Dylan

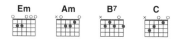

Capo third fret

Intro | Em | Em | Em | Em ||

Verse 1

Em
   A worried man with a worried mind

Am
   No one in front of me and nothing behind

      Em   B7
There's a woman on my lap and she's drinking champagne

Em
   Got white skin, got assassin's eyes

Am
   I'm looking up into the sapphire-tinted skies

   Em   B7 Em
I'm well dressed, waiting on the last   train

Pre-chorus 1

C   B7   Em
Standing on the gallows with my head in a noose

     C   B7
Any minute now I'm expecting all hell to break loose

Chorus 1

Em
People are crazy and times are strange

   Am
I'm locked in tight, I'm out of range

Em   B7   Em
I used to care, but things have changed

Link 1 | Em | Em | Am | Am |

        | Em | Em B7 | Em | Em ||

Verse 2

      Em
This place ain't doing me any good

    Am
I'm in the wrong town, I should be in Hollywood

    Em   **B7**
Just for a second there I thought I saw something move

           Em
Gonna take dancing lessons, do the jitterbug rag

     Am
Ain't no shortcuts, gonna dress in drag

      Em   **B7**   **Em**
Only a fool in here would think he's got anything to prove

Pre-chorus 2

C   **B7**   **Em**
Lot of water under the bridge, lot of other stuff too

C   **B7**
Don't get up gentlemen, I'm only passing through

Chorus 2

Em
People are crazy and times are strange

    Am
I'm locked in tight, I'm out of range

Em   **B7**   **Em**
I used to care, but things have changed

Link 2

| Em | Em | Am | Am | |
| Em | Em B7 | Em | Em | ‖ |

Verse 3

      Em
I've been walking forty miles of bad road

    Am
If the Bible is right, the world will explode

          Em   **B7**
I've been trying to get as far away from myself as I can

Em
  Some things are too hot to touch

Am
  The human mind can only stand so much

    Em   **B7**   **Em**
You can't win with a losing hand

Pre-chorus 3

     C   **B7**   **Em**
Feel like falling in love with the first woman I meet

       C   **B7**
Putting her in a wheelbarrow and wheeling her down the street

Chorus 3

Em
People are crazy and times are strange
     Am
I'm locked in tight, I'm out of range
Em   B7   Em
I used to care, but things have changed

Link 3

| Em | Em | Am | Am | |
| Em | Em B7 | Em | Em | ‖ |

Verse 4

Em
I hurt easy, I just don't show it
     Am
You can hurt someone and not even know it
    Em   B7
The next sixty seconds could be like an eternity
       Em
Gonna get low down, gonna fly high
    Am
All the truth in the world adds up to one big lie
    Em   B7   Em
I'm in love with a woman who don't even appeal to me

Pre-chorus 4

     C   B7   Em
Mr. Jinx and Miss Lucy, they jumped in the lake
C   B7
  I'm not that eager to make a mistake

Chorus 4

Em
People are crazy and times are strange
     Am
I'm locked in tight, I'm out of range
Em   B7   Em
I used to care, but things have changed

Coda

| Em | Em | Am | Am | |
| Em | Em B7 ‖ *To fade* | | | |

254

Trying To Get To Heaven

Words & Music by Bob Dylan

F   C   G   F#m7(♭5)   Dm

Capo third fret

Intro   F C | G | G | C | C |

Verse 1

F   G
 The air is getting hotter

F   C
 There's a rumbling in the skies

F   G
I've been wading through the high muddy water

F   C
 With the heat rising in my eyes

F#m7(♭5)   F
 Every day your memory grows dimmer

Dm   C
 It doesn't haunt me like it did before

F   G
 I've been walking through the middle of nowhere

F   C
 Trying to get to heaven before they close the door

Verse 2

F   G
When I was in Mis - souri

F   C
 They would not let me be

F   G
 I had to leave there in a hurry

F   C
 I only saw what they let me see

F#m7(♭5)   F
 You broke a heart that loved you

          Dm   C
Now you can seal up the book and not write anymore

F   G
 I've been walking that lonesome valley

F   C
Trying to get to heaven before they close the door

Verse 3

     F   **G**
     People on the platforms

F   **C**
     Waiting for the trains

F   **G**
I can hear their hearts a - beatin'

F   **C**
Like pendulums swinging on chains

   F#m7(♭5)   **F**
I tried to give you everything

    Dm   **C**
That your heart was longing for

F   **G**
   I'm just going down the road feeling bad

F   **C**
Trying to get to heaven before they close the door

Instrumental

F	**G**	**F**	**C**	
F	**G**	**F**	**C**	
F#m7(♭5)	**F**	**Dm**	**C**	
F	**G**	**F**	**C**	

Verse 4

    F   **G**
I'm going down the river

F   **C**
   Down to New Or - leans

    F   **G**
They tell me everything is gonna be all right

F   **C**
   But I don't know what "all right" even means

   F#m7(♭5)   **F**
I was riding in a buggy with Miss Mary-Jane

   Dm   **C**
Miss Mary-Jane got a house in Baltimore

F   **G**
   I been all around the world, boys

    F   **C**
Now I'm trying to get to heaven before they close the door

F   G
Gonna sleep down in the parlor
F   C
And relive my dreams
F   G
I'll close my eyes and I wonder
F   C
If everything is as hollow as it seems
F♯m7(♭5)   F
Some trains don't pull no gamblers
   Dm   C
No midnight ramblers like they did before
F   G
I been to Sugar Town, I shook the sugar down
         F   C
Now I'm trying to get to heaven before they close the door

Outro

F	G	F	C	
F	G	F	C	
F♯m7(♭5)	F	Dm	C	
F	G	F	C	‖

This Wheel's On Fire

Words by Bob Dylan
Music by Rick Danko

Am   Bdim7   E   E7

F   Dm   C   G   A

Intro | Am | Am   ‖

Verse 1

          Am
If your mem'ry serves you well
             Bdim7
We were goin' to meet again and wait
     E   E7
So I'm goin' to unpack all my things
     F   Dm   Am
And sit before it gets too late
     C   Am
No man alive will   come to you
        C   Am
With another tale to tell
       C   Am
But you know that we shall meet again
          F   Dm   Am
If your mem'ry serves you well

Chorus 1

Dm   F
   This wheel's on fire
C   G
Rolling down the road
     C G   F   C
Best notify my next of kin
F   G   A
This wheel shall explode!

Verse 2

```
            Am
If your mem'ry serves you well
              Bdim7
I was goin'  to confiscate your lace
      E            E7
And wrap it up in a sailor's knot
      F    Dm   Am
And hide it in your case
    C             Am
If I knew for sure that it was yours…
            C            Am
But it was   oh so hard to tell
    C                   Am
But you knew that we would meet again
        F    Dm        Am
If your mem'ry serves you well
```

Chorus 2   As Chorus 1

Verse 3

```
            Am
If your mem'ry serves you well
              Bdim7
You'll remember you're the one
      E            E7
That called on me to call on them
      F           Dm   Am
To get you your favors done
    C        Am
And after ev'ry plan had failed
    C                   Am
And there was nothing more to tell
    C                Am
You knew that we would meet again
        F    Dm        Am
If your mem'ry served you well
```

Chorus 3

```
Dm              F
  This wheel's on fire
C           G
Rolling down the road
      C  G   F    C
Best notify my next of kin
F          G        A
This wheel shall explode!
```

Thunder On The Mountain

Words & Music by Bob Dylan

Capo third fret

Intro
| C | C | G | G |
| C | C | G | G |
| G | G | G | G ‖

Verse 1

G
Thunder on the mountain, fires on the moon

There's a ruckus in the alley and the sun will be here soon
C   **G**
Today's the day, gonna grab my trombone and blow
      D7   **G**
Well, there's hot stuff here and it's everywhere I go

Verse 2

G
I was thinkin' 'bout Alicia Keys, couldn't keep from crying

When she was born in Hell's Kitchen, I was living down the line
     C   **G**
I'm wondering where in the world Alicia Keys could be
D7   **G**
I been looking for her even clear through Tennes - see

Verse 3

G
Feel like my soul is beginning to expand

Look into my heart and you will sort of understand
C   **G**
You brought me here, now you're trying to run me a - way
     D7   **G**
The writing's on the wall, come read it, come see what it say

G	G	G	G	
C	C	G	G	
D7	D7	G	G	

Verse 4

G
Thunder on the mountain, rolling like a drum

Gonna sleep over there, that's where the music coming from
     C   **G**
I don't need any guide, I already know the way
D7   **G**
Re - member this, I'm your servant both night and day

Verse 5

G
The pistols are poppin' and the power is down

I'd like to try somethin' but I'm so far from town
    C   **G**
The sun keeps shinin' and the North Wind keeps picking up speed
         D7
Gonna forget a - bout myself for a while,
               G
Gonna go out and see what others need

Verse 6

G
I've been sitting down studying the art of love

I think it will fit me like a glove
       C   **G**
I want some real good woman to do just what I say
     D7   **G**
Every - body got to wonder what's the matter with this cruel world today

G	G	G	G	
C	C	G	G	
D7	D7	G	G	

Verse 7

G
Thunder on the mountain rolling to the ground

Gonna get up in the morning walk the hard road down

C   **G**
Some sweet day I'll stand beside my king

          D7   **G**
I wouldn't be - tray your love or any other thing

Verse 8

G
Gonna raise me an army, some tough sons of bitches

I'll recruit my army from the orphanages

 C   **G**
I been to St. Herman's church and I've said my religious vows

     D7   **G**
I've sucked the milk out of a thousand cows

Verse 9

G
I got the porkchops, she got the pie

She ain't no angel and neither am I

C   **G**
Shame on your greed, shame on your wicked schemes

D7   **G**
I'll say this, I don't give a damn about your dreams

Instrumental 3 | **G** | **G** | **G** | **G** |

             | **C** | **C** | **G** | **G** |

             | **D7** | **D7** | **G** | **G**   ‖

Verse 10

G
Thunder on the mountain heavy as can be

Mean old twister bearing down on me

      C   **G**
All the ladies of Washington scrambling to get out of town

          D7   **G**
Looks like something bad gonna happen, better roll your airplane down

Verse 11

    G
Everybody's going and I want to go too

Don't wanna take a chance with somebody new

  C   **G**
I did all I could and I did it right there and then

    D7   **G**
I've al - ready confessed – no need to confess a - gain

Verse 12

    G
Gonna make a lot of money, gonna go up north

I'll plant and I'll harvest what the earth brings forth

  C   **G**
The hammer's on the table, the pitchfork's on the shelf

    D7   **G**
For the love of God, you ought to take pity on your - self

Instrumental 4| **G** | **G** | **G** | **G** |

         | **C** | **C** | **G** | **G** |

         | **D7** | **D7** | **G** | **G** ‖

Outro | **C** | **C** | **G** | **G** ‖

Tomorrow Is A Long Time

Words & Music by Bob Dylan

G   C/G   Dadd4/A   D7/F♯

Capo third fret

Intro

| C/G G C/G G | G | | C/G   G |

| C/G G C/G G | G ‖

Verse 1

G   C/G   G   C/G
If today was not an endless highway
G   C/G   G
If tonight was not a crooked trail
        C/G   Dadd4/A G   C/G G
If to - morrow was - n't such a long time
       C/G   G   C/G G
Then lonesome would mean nothing to you at all

Chorus 1

         C/G   Dadd4/A   G   C/G G
Yes, and only if my own true love was waitin'
                C/G   Dadd4/A   G   C/G   G
Yes, and if I could hear her heart a-softly poundin'
C/G   Dadd4/A   G   C/G G
Only if she was lyin' by me
          C/G   D7/F♯   G
Then I'd lie in my bed once again

| C/G G C/G G | C/G   G ‖

Verse 2

G   C/G   G   C/G
I can't see my re - flection in the waters
             C/G   G   C/G G
I can't speak the sounds that show no pain
       C/G   Dadd4/A   G   C/G G
I can't hear the echo of my footsteps
          C/G   G   C/G G
Or can't remember the sound of my own name

                    C/G   Dadd4/A   G   C/G G
Chorus 2   Yes, and only if my own true love was waitin'

                              C/G   Dadd4/A   G   C/G   G
                    Yes, and if I could hear her heart a-softly poundin'

C/G   Dadd4/A   G   C/G G
Only if she was lyin' by me

               C/G   D7/F#   G
Then I'd lie in my bed once again

| C/G G   C/G | C/G G   C/G | G   ‖

                              C/G   G   C/G G
Verse 3   There's beauty in the silver, singin' river

                              C/G   G   C/G G
                    There's beauty in the sunrise in the sky

                         C/G   Dadd4/A C/G   G   C/G G
                    But none of these and nothing else can   touch the beauty

               C/G   Dadd4/A C/G   G   C/G G
               That I remember in my___ true love's eyes

                         C/G   Dadd4/A   G   C/G G
Chorus 3   Yes, and only if my own true love was waitin'

                              C/G   Dadd4/A   G   C/G   G
                    Yes, and if I could hear her heart a-softly poundin'

               C/G   Dadd4/A   G   C/G G
               Only if she was lyin' by me

               C/G   D7/F#   G
               Then I'd lie in my bed once again

Outro | G   C/G | G   D7/F# | G   ‖

Visions Of Johanna

Words & Music by Bob Dylan

G **C/G** **D** **C** **Dsus4** **G/B**

Capo second fret

Intro | G | G | C/G D | G C/G | G ‖

Verse 1

           G   **C**
Ain't it just like the night to play   tricks

           D   **G**   **C/G G**
When you're tryin' to be so quiet?

                         C   **D**   **G**   **C/G**
We sit here stranded, though we're all doin' our best to de - ny it

          D   **G**   **C/G**
And Lou - ise holds a handful of rain, temptin' you to defy   it

     C   **G**
Lights flicker from the opposite loft

     C   **G**
In this room the heat pipes just cough

      C   **G**
The country music station plays soft

                         D **Dsus4 D**
But there's nothing, really nothing to turn off

         G   **C**   **D**   **G**   **C/G G**
Just Lou - ise and her lover so en - twined

           C   **G/B**   **D**   **G**   **C/G**
And these visions of Johanna   that conquer my mind

| G | C D | G C/G | G C/G ‖

Verse 2

C/G   G
In the empty lot where the ladies
     C   D   G   C/G G
Play blindman's bluff with the key chain
                     C   D
And the all-night girls they whisper of esca - pades
       G   C/G G
Out on the "D" train
    D
We can hear the night watchman click his flashlight
                               G   C/G G
Ask himself if it's him or them that's really in - sane
      C   G
Louise, she's all right, she's just near
      C   G
She's delicate and seems like the mirror
       C   G
But she just makes it all too concise and too clear
              D Dsus4 D
That Johanna's not here
   G
The ghost of 'lectricity
C   D   G   C/G G
Howls in the bones of her face
          C   G/B   D   G   C/G
Where these visions of Johanna   have now taken my place

| G | C D | G C/G | G C/G |

Verse 3

C/G G   C   D   G C/G G
Now, little boy lost, he takes himself so seriously
                        C   D   G C/G G
He brags of his misery, he likes to live dangerously
        D
And when bringing her name up
                   G   C/G G
He speaks of a farewell kiss to me
    C   G   C   G
He's sure got a lotta gall   to be so useless and all
         C   G   D Dsus4 D
Muttering small talk at the wall while I'm in the hall

cont.

        G
How   can I explain?

      C   D   G   C/G G
Oh, it's so hard to get on

           C   G/B   D   G   C/●
And these visions of Johanna,   they kept me up past the dawn

| G | | C D | G C/G | G C/G ‖

Verse 4

C/G G   C   D   G   C/G G
In - side the museums,   Infinity goes up on trial

                      C   D   G   C/G G
Voices echo this is what sal - vation   must be like after a while

          D
But Mona Lisa musta had the highway blues

                          G   C/G G
You can tell by the way she smiles

      C   G
See the primitive wallflower freeze

        C   G
When the jelly-faced women all sneeze

       C   G
Hear the one with the mustache say, "Jeeze

         D Dsus4 D
I can't find my knees"

      G   C   D   G   C/G G
Oh, jewels and binoculars hang from the head of the mule

            C   G/B   D   G   C/G
But these visions of Johanna,   they make it all seem so cruel

| G | | C D | G C/G | G C/G ‖

```
C/G  G                                    C
The   peddler now speaks to the countess
              D          G            C/G  G
Who's pre - tending to care for him

Sayin', "Name me someone that's not a parasite
C                D            G                    C/G  G
   And I'll go out and say a prayer for him"
                   D
But like Lou - ise always says

"Ya can't look at much, can ya man?"
                         G
As she, herself, pre - pares for him
              C                G
And Ma - donna, she still has not showed
            C                  G
We see this empty cage now cor - rode
              C                    G
Where her cape of the stage once had flowed
            C              G
The fiddler, he now steps to the road
            C                              G
He writes ev'rything's been returned which was owed
            C              G
On the back of the fish truck that loads
                        D
While my conscience ex - plodes
            G              C      D           G    C/G  G
The har - monicas play the skeleton keys and the rain
            C              G/B         D          G  C/G
And these visions of Johanna    are now all that remain
```

‖: G | C D | G C/G | G C/G :‖ *Repeat to fade*

Watching The River Flow

Words & Music by Bob Dylan

C7   Dm   B♭   F   F7   B♭/D   B♭m/D♭   G7

Intro | C7 | Dm B♭ | F F7 B♭/D B♭m/D♭ | F C7 ‖

Verse 1

     F   B♭
What's the matter with me, I don't have much to say

  F   G7   C7
Daylight sneakin' through the window and I'm still in this all-night ca

F
Walkin' to and fro beneath the moon

                  B♭
Out to where the trucks are rollin' slow

     F   C7
To sit down on this bank of sand___

                      F   F7 B♭/D B♭m/D♭ F C7
And watch the river flow

Verse 2

     F   B♭
Wish I was back in the city instead of this old bank of sand

         F   G7
With the sun beating down over the chimney tops

                          C7
And the one I love so close at hand

F   B♭
If I had wings and I could fly,   I know where I would go

  F   C7
But right now I'll just sit here so con - tentedly

                 F   F7 B♭/D B♭m/D♭ F C7
And watch the river flow

C7
    People disagreeing on all just about everything, yeah

F
Makes you stop and all wonder why

Dm   **G7**
Why only yesterday I saw some - body on the street

            C7
Who just couldn't help but cry

    F
Oh, this ol' river keeps on rollin', though

B♭
No matter what gets in the way and which way the wind does blow

F   **C7**
And as long as it does I'll just sit here

           F   **F7 B♭/D B♭m/D♭ F**
And watch the river flow

F	F	B♭	B♭
F	G7	C7	C7
F	F	B♭	B♭
F	C7	F F7 B♭/D B♭m/D♭	F ‖

C7
People disagreeing everywhere you look

                  F
Makes you wanna stop and read a book

Dm   **G7**
Why only yesterday I saw somebody on the street

     C7
That was really shook

    F
But this ol' river keeps on rollin', though

        B♭
No matter what gets in the way and which way the wind does blow

F   **C7**
And as long as it does   I'll just sit here

           F   **F7 B♭/D B♭m/D♭ F**
And watch the river flow

Outro

$B\flat$ F $B\flat$
Watch the river flow

    F $B\flat$
Watchin' the river flow

    F $B\flat$
Watchin' the river flow

    F   C⁷
But I'll sit down on this bank of sand

And watch the river flow

| F F⁷ $B\flat$/D $B\flat$m/D$\flat$ | F   ‖

272

When The Deal Goes Down

Words & Music by Bob Dylan

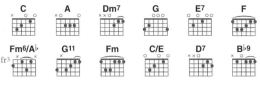

Capo first fret

Intro | C | A | Dm7 | G ‖

Verse 1

(G)   C   E7   F   Fm6/A♭
In the still of the night, in the world's ancient light
          C   G11   C   G
Where wisdom grows up in strife
          C   E7   F   Fm6/A♭
My be - wildering brain, toils in vain
                 C   G11   C
Through the darkness on the path - ways of life
          F   Fm   C
Each in - visible prayer is like a cloud in the air
          F   C/E   D7   G11
To - morrow keeps turning a - round
          C   E7   F   Fm6/A♭
We live and we die, we know not why
                 C   G11   C   G
But I'll be with you when the deal goes down

Verse 2

(G) C   E7   F   Fm6/A♭
We eat and we drink, we feel and we think

C   G11   C   G
Far down the street we stray

C   E7   F   Fm6/A♭
I laugh and I cry and I'm haunted by

C   G11   C
Things I never meant nor wished to say

F   Fm C
The midnight rain   follows the train

F   C/E   D7   G11
We all wear the same thorny crown

C   E7   F   Fm6/A♭
Soul to soul, our shadows roll

C   G11   C   G
And I'll be with you when the deal goes down

Guitar solo 1 | C | E7 | F | Fm6/A♭ |

| C | G11 | C | G   ‖

Verse 3

(G) C   E7   F   Fm6/A♭
The moon gives light and shines by night

C   G11   C   G11
I scarce - ly feel the glow

C   E7   F   Fm6/A♭
We learn to live and then we for - give

C   G11   C
O'er the road we're bound to go

F   Fm   C
More frailer than the flowers, these precious hours

F   C/E   D7   G11
That keep us so tightly bound

C   E7   F   Fm6/A♭
You come to my eyes like a vision from the skies

C   G11   C   G
And I'll be with you when the deal goes down

Guitar solo 2 | C | E7 | F | B♭9 |

| C | G11 | C | G ‖

Verse 4

(G) C   E7   F   Fm6/A♭
I   picked up a rose and it poked through my clothes

  C   G11   C   G
I followed the winding stream

       C   E7 F   Fm6/A♭
I heard a deafening noise, I felt transient joys

C   G11   C
I know they're not what they seem

    F   Fm   C
In this earthly do - main, full of disap - pointment and pain

      F   C/E   D7   G11
You'll ne - ver see me frown

       C   E7   F   Fm6/A♭
I owe my heart to you, and that's sayin' it true

        C   G11   C   G
And I'll be with you when the deal goes down

Outro | C | A | Dm7 | Fm G | C ‖

What Good Am I?

Words & Music by Bob Dylan

| A | E | A/E | C#m | G#m | F#m |

Intro

| A E | A E | A E ‖

Verse 1

E   A   E   A/E E
What good am I if I'm like all the rest
                               A   E
If I turn away, when I see how you're dressed
        C#m   G#m
If I shut myself off so I can't hear you cry
A   E   A   E   A E
What good am I?

Verse 2

A/E   E   A   E   A E
What good am I if I know and don't do
                               A   E   A E
If I see and don't say, if I look right through you
        C#m   G#m
If I turn a deaf ear to the thunderin' sky
A   E   A E   A E
What good am I?

Verse 3

                         A   E   A E
What good am I while you softly weep
                                    A   E   A E
And I hear in my head what you say in your sleep
        C#m   G#m
And I freeze in the moment like the rest who don't try
A   E   A E   A E
What good am I?

Bridge

      C#m
What good am I then to others and me
                         G#m
If I've had every chance and yet still fail to see
      C#m
If my hands are tied must I not wonder within
                  G#m   F#m
Who tied them and why and where must I have been?

Verse 4

E   A   E   A   E
What good am I if I say foolish things
                     A   E   A   E
And I laugh in the face of what sorrow brings
  C#m   G#m
And I just turn my back while you silently die
A   E   A E   A E A E
What good am I?

Outro

‖: E | A   E | E | A   E :‖

| C#m | G#m   ‖: A   E | A   E :‖

Repeat to fade

When I Paint My Masterpiece

Words & Music by Bob Dylan

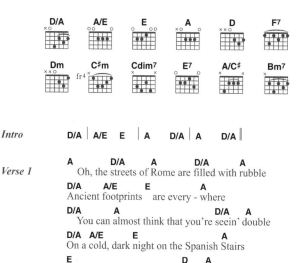

Intro   D/A | A/E   E | A   D/A | A   D/A ‖

Verse 1

A   D/A   A   D/A   A
   Oh, the streets of Rome are filled with rubble

D/A   A/E   E   A
Ancient footprints   are every - where

D/A   A   D/A   A
  You can almost think that you're seein' double

D/A   A/E   E   A
On a cold, dark night on the Spanish Stairs

E   D   A
Got to hurry on back to my hotel room

          E   D   A
Where I've got me a date with Botti - celli's niece

D/A   A   D/A   A
  She promised that she'd be right there with me

D/A   A/E   E   A   D/A
  When I paint___ my master - piece

Link | A   D/A | A   D/A ‖

Verse 2

(D/A)   A   D/A A
Oh, the hours I've spent inside the Coli - seum

D/A   A/E   E
Dodging lions___ and wastin' time

D/A   A   D/A   A
Oh, those mighty kings of the jungle, I could hardly stand to see 'em

D/A   A/E   E   A
   Yes, it sure has been a long, hard climb

E   D A
Train wheels runnin' through the back of my memory

       E   D
When I ran on the hilltop following a pack of wild geese

D/A A   D/A   A
  Someday, everything is gonna be smooth like a rhapsody

D/A A/E   E   A
  When I paint my master - piece

Bridge

Dm   A
Sailin' round the world in a dirty gon - dola

C♯m   D   E   D   A Cdim7 E7
Oh, to be back in the land of Coca-Cola!

Verse 3

       A   D/A   A
I left Rome and landed in Brussels

D/A   A/E   E   A
  On a plane ride so bumpy that I almost cried

D/A A   D/A   A
  Clergymen in uniform and young girls pul - lin' muscles

D/A A/E   E   A
  Everyone was there to greet me when I stepped in - side

E   D A
Newspapermen eat - ing candy

E   D   A
Had to be held down by big po - lice

D/A A   D   A
  Someday, everything is gonna be diff'rent

D/A A/E   E   D A/C♯ Bm7 A
  When I paint   my master - piece

Workingman's Blues #2

Words & Music by Bob Dylan

A   E/G#   F#m   A/E   D   A/C#   Bm   E

Intro

| A | E/G# | F#m | A/E |
| D | A/C# | Bm | E ‖

Verse 1

(E)   A   E/G#
There's an evenin' haze settlin' over town

F#m   A/E
Starlight by the edge of the creek

    D   A/C#
The buyin' power of the prole - tariat's gone down

Bm   E
Money's gettin' shallow and weak

     A   E/G#
The place I love best is a sweet memory

    F#m   A/E
It's a new path that we trod

       D   A/C#
They say low wages are a reali - ty

      Bm   E
If we want to compete abroad

Verse 2

   A   E/G#
My cruel weapons have been put on the shelf

   F#m   A/E
Come sit down on my knee

    D   A/C#
You are dearer to me than my - self

    Bm   E
As you yourself can see

    A   E/G#
I'm listenin' to the steel rails hum

F#m   A/E
Got both eyes tight shut

      D   A/C#
Just sitting here trying to keep the hunger from

Bm   E
Creeping it's way into my gut

Chorus 1

D   A/C#
Meet me at the bottom, don't lag behind

D   A
Bring me my boots and shoes

    D   A/C#
You can hang back or fight your best on the front line

Bm   E   A
Sing a little bit of these workingman's blues

Verse 3

A   E/G#
Now, I'm sailin' on back, ready for the long haul

F#m   A/E
Tossed by the winds and the seas

      D   A/C#
I'll drag 'em all down to hell and I'll stand 'em at the wall

Bm   E
I'll sell 'em to their enemies

  A   E/G#
I'm tryin' to feed my soul with thought

    F#m   A/E
Gonna sleep off the rest of the day

    D   A/C#
Some - times no one wants what we got

     Bm   E
Some - times you can't give it a - way

Verse 4

(E)   A   E/G#
Now the place is ringed with countless foes

F#m   A/E
Some of them may be deaf and dumb

D   A/C#
No man, no woman knows

    Bm   E
The hour that sorrow will come

cont.

      A   E/G#
In the dark I hear the night birds call
     F#m   A/E
I can hear a lover's breath
  D   A/C#
I sleep in the kitchen with my feet in the hall
Bm   E
Sleep is like a temporary death

Chorus 2   As Chorus 1

Verse 5

A   E/G#
Well, they burned my barn, they stole my horse
F#m   A/E
I can't save a dime
  D   A/C#
I got to be careful, I don't want to be forced
    Bm   E
Into a life of continual crime
    A   E/G#
I can see for myself that the sun is sinking
F#m   A/E
How I wish you were here to see
D   A/C#
Tell me now, am I wrong in thinking
   Bm   E
That you have forgotten me?

Verse 6

(E)   A   E/G#
Now they worry and they hurry and they fuss and they fret
   F#m   A/E
They waste your nights and days
D   A/C#
  Them I will for - get
     Bm   E
But you I'll re - member always
  A   E/G#
Old memories of you to me have clung
   F#m   A/E
You've wounded me with words
   D   A/C#
Gonna have to straighten out your tongue
   Bm   E
It's all true, everything you have heard

Chorus 3   As Chorus 1

                    A   **E/G♯**
Verse 7   In you, my friend, I find no blame
                    F♯m   **A/E**
               Wanna look in my eyes, please do
                    D   **A/C♯**
                  No one can ever claim
                    Bm   **E**
               That I took up arms against you
                    A   **E/G♯**
               All a - cross the peaceful sacred fields
                    F♯m   **A/E**
                  They will lay you low
                    D   **A/C♯**
               They'll break your horns and slash you with steel
                    Bm   **E**
               I say it so it must be so

                    (E)   **A**   **E/G♯**
Verse 8   Now I'm down on my luck and I'm black and blue
                         F♯m   **A/E**
               Gonna give you another chance
                    D   **A/C♯**
               I'm all alone and I'm ex - pecting you
                    Bm   **E**
               To lead me off in a cheerful dance
                    A   **E/G♯**
               I got a brand new suit and a brand new wife
                    F♯m   **A/E**
               I can live on rice and beans
                    D   **A/C♯**
               Some people never worked a day in their life
                    Bm   **E**
               Don't know what work even means

Chorus 4   As Chorus 1

Outro   ‖: **A** | **E/G♯** | **F♯m** | **A/E** |

              | **D** | **A/C♯** | **Bm** | **E**   :‖ *Repeat and fade*

283

You Ain't Goin' Nowhere

Words & Music by Bob Dylan

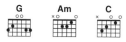

Intro   ‖: G | G | G | G   :‖

Verse 1
G   Am
Clouds so swift, rain won't lift
C   G
Gate won't close, railings froze
                    Am
Get your mind off wintertime
C   G
You ain't goin' nowhere

Chorus 1
G   Am
Whoo - ee! Ride me high
C   G
Tomorrow's the day my bride's gonna come
G   Am
Oh, oh, are we gonna fly
C   G
Down in the easy chair!

Verse 2
G   Am
I don't care how many letters they sent
                              G
Morning came and morning went
C   Am
Pick up your money and pack up your tent
C   G
You ain't goin' nowhere

Chorus 2   As Chorus 1

G   **Am**
Buy me a flute and a gun that shoots
C   **G**
Tailgates and substitutes
                 Am
Strap yourself to the tree with roots
C   **G**
You ain't goin' nowhere

Chorus 3   As Chorus 1

Verse 4

G   **Am**
Genghis Khan, he could not keep
C   **G**
All his kings supplied with sleep
                 Am
We'll climb that hill no matter how steep
C   **G**
When we get up to it

Chorus 4   As Chorus 1

Outro   ‖: **G** | **Am** | **C** | **G** :‖ *Repeat to fade*

.

You're A Big Girl Now

Words & Music by Bob Dylan

Bm   Am   G   D   C   D/F#   G*

Intro

Bm	Am		Bm	Am
G D	C		G D	C
Am	Bm Am D/F#	G	D

Verse 1

```
      Bm                      Am
   Our conversation    was short and sweet
      Bm               Am
   It nearly swept me     off-a my feet
          G             D  C
And I'm back in the rain, oh, oh
               G        D  C
And you are on dry land
                          Am
You made it there somehow
   Bm         Am      D/F#  G  D
   You're a big girl now
```

Verse 2

```
   Bm                      Am
   Bird on the horizon,    sittin' on a fence
   Bm                      Am
   He's singin' his song for me     at his own expense
          G             D  C
And I'm just like that bird, oh, oh
               G        D  C
Singin' just for you
            Am
I hope that you can hear
   Bm         Am           D/F#      G  D
   Hear me singin' through these tears
```

The LITTLE BLACK SONGBOOK

BOB DYLAN

Cover photograph courtesy of Harry Goodwin.

ISBN: 978-1-78305-271-4

Visit Hal Leonard Online at
www.halleonard.com

Contact us:
Hal Leonard
7777 West Bluemound Road
Milwaukee, WI 53213
Email: info@halleonard.com

In Europe, contact:
Hal Leonard Europe Limited
42 Wigmore Street
Marylebone, London, W1U 2RY
Email: info@halleonardeurope.com

In Australia, contact:
Hal Leonard Australia Pty. Ltd.
4 Lentara Court
Cheltenham, Victoria, 3192 Australia
Email: info@halleonard.com.au